LES INTRIGANS.

Paris, Imprimerie de Cosson. Rue St. Germain des Prés, No 9.

LES

INTRIGANS,

PAR LOUIS-BENOIT CAPURAN.

Comment faire présider la justice à l'administration
des affaires publiques , lorsque ces citoyens malin-
tentionnés, qui sont autant de pestes que l'État ren-
ferme dans son sein , sont en possession des emplois
les plus importans , les plus honorables , et les plus
lucratifs ?

Th. Morus. *Utopie* , Liv. I.

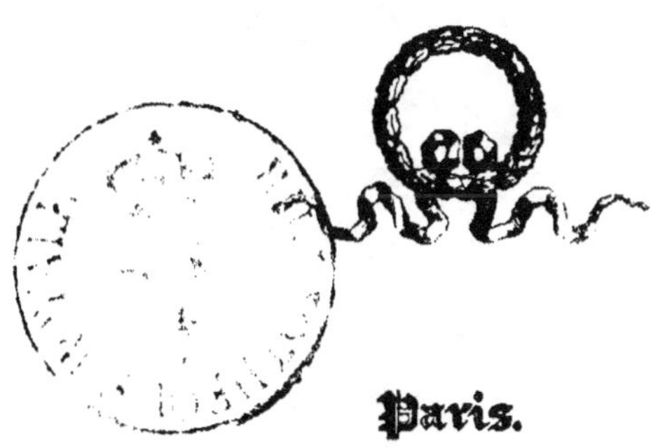

Paris.

CHARLES-BÉCHET , LIBRAIRE ,

QUAI DES AUGUSTINS, n° 57.

1827.

PRÉFACE.

JE ne me propose d'autre but , en écrivant cette préface, que de hasarder quelques considérations morales nécessaires pour développer ma pensée ou pour réfuter quelques objections. Et d'abord je ne me suis pas dissimulé, en attaquant les hommes qui vivent de bassesses et d'intrigues , que la matière était très-féconde, qu'elle présentait une foule de caractères profonds et variés , et qu'il était impossible de les représenter tous dans un cadre aussi resserré que celui d'une comédie ; aussi je ne me suis attaché qu'à ceux qui ont le plus de souplesse dans les principes et de fausseté dans le cœur, et j'ai esquissé les portraits de l'intrigant *actif* et de l'intrigant *inactif.*

Que signifie ce mot *inactif?* Qui est dans l'inaction, qui ne fait rien ? l'intrigant inactif a l'air de ne rien faire, mais soyez sûr que c'est un fripon auquel il ne faut pas se fier. Tartuffe en politique comme en morale , il se couvre d'un masque pour concilier son intérêt avec son honneur; il redoute les propos du public et la haine du pouvoir ; il sait que l'envie est médisante, et cherche à flétrir dans l'opinion les hommes qui ont du crédit; aussi ne parle-t-il jamais du sien, et cependant il fait tout ce qu'il peut pour l'augmenter ; il ne défend ni ne blâme les abus de l'autorité, il a l'air de ne tenir à aucun parti ; mais il se tait ; à force de richesses ou d'honneurs on a acheté son silence. Il n'intrigue pas, ne calomnie pas comme ses rivaux ; mais il vante son zèle , son désintéressement , sa probité ; et le pouvoir, qui n'y croit pas , mais qui sait que de pareils hommes ont su ménager l'estime publique a force de dissimulation et de mensonges, cherche à se les attacher , et se flatte avec leur approbation d'en imposer à la multitude, de calmer les plaintes du peuple qui souffre , et d'étouffer dans le cœur de l'honnête homme le cri de l'indignation et du mépris..... Tout cela peut se concevoir : un gouvernement lâche et corrompu s'attache à tous les moyens, spécule sur toutes les faiblesses , emploie tous les hommes qui peuvent se prostituer et parvenir sans le compromettre, et repoussant les caractères fiers , généreux , honnêtes, qui ne s'habitue- raient pas à l'air de corruption dont il entoure tout ce qui l'approche, il cherche ses agens et ses esclaves dans les pro- fondeurs du vice et de l'hypocrisie , parce qu'il ne doit les trouver que là. Mais comment se fait-il que des êtres aussi dégradés , qui osent parler de leur indépendance quand ils ils sont écrasés sous le poids des chaînes, qui vantent leur désintéressement et leurs vertus lorsqu'ils sont agités par les plus misérables passions, soient reçus dans la société et paraissent même jouir de l'estime et du respect des autres hommes ? En imposent-ils par le masque dont ils se cou- vrent ? Les richesses, les honneurs, le crédit peuvent-ils honorer une vie flétrie dans l'opprobre ? ou , ce qui paraît plus vrai , repousse-t-on aujourd'hui les sentimens simples que la nature grave dans tous les cœurs , pour se créer une morale factice que l'honnête homme n'entend plus, et qui, mettant de ridicules bienséances à la place des vertus , jus- tifie tous les crimes , et fait des crimes de rien ?

Il faut tout tenter pour devenir riche et puissant , disent les vieillards à la jeunesse , en citant avec affectation leur misérable expérience. — Mais , mon père, je suis fier, gé- néreux , désintéressé comme on l'est à mon âge ; j'aime la liberté avec passion, ma tête est remplie de grands exemples, et mon cœur échauffé par les vertus des héros de l'antiquité.

Je n'ai besoin de rien ; je jouis de tout avec délices , de la fraîcheur de l'air , de l'éclat de la lumière , du parfum des fleurs. Laissez-moi entourer votre existence des soins les plus tendres. La piété filiale entretiendra dans mon cœur l'amour de la patrie : j'apprendrai en vous aimant à devenir bon citoyen ; et si jamais je puis être utile à mon pays, je me présenterai avec mon innocence et ma vertu , et peut-être les méchans étonnés s'enfuiront-ils devant moi. Pour-quoi donc irais-je maintenant m'humilier devant mon sem-blable ? Je crains la vanité des protecteurs et je méprise la bassesse. Caton et Brutus allaient-ils mendiant la fortune et les honneurs? C'est par leurs vertus qu'ils s'élevèrent au dessus des autres hommes. Souffrez que j'imite, si je puis, leur sublime exemple ; laissez-moi mériter par une conduite honnête et d'utiles travaux des distinctions qui n'honorent que le mérite , et ne forcez pas votre fils à souiller vos che-veux blancs , ou à rougir de son élévation. O mon père ! il vaut mieux vivre pauvre et ignoré , avec une conscience pure et tranquille, que riche et puissant avec la honte sur le front : et peut-on parvenir aujourd'hui sans faire le sacri-fice de son honneur ? — Oui, mon fils, tout se concilie très-bien dans le monde ; on peut en restant honnête homme parvenir aux dignités. Promenez vos regards autour de vous, et vous ne tarderez pas à vous en convaincre. — Alors on cite comme de vrais modèles les intrigans dont je viens de par-ler ; et les jeunes gens, entraînés par l'autorité paternelle , séduits peut-être par de fausses vertus , se laissent pousser, en rougissant, dans la carrière. Bientôt le poison gagne leurs cœurs, des maximes odieuses remplacent dans leurs âmes les plus nobles sentimens , ils s'habituent à voir le mal avec une indifférence coupable, et entraînés enfin par le tour-billon ils deviennent méchans comme les autres. Ainsi le vice répand de tous côtés une contagion funeste quand il se pare des dehors de la vertu ; ainsi les principes sacrés, éternels, de la morale sont remplacés par un langage men-

teur et des manières affectées ; et ce sont des hommes corrompus, avilis, éblouissant les uns par leur crédit et leur
fortune, obtenant l'estime des autres par une hypocrisie
effrontée, qui entraînent ainsi la décadence des mœurs et au-
torisent par leur exemple les vices les plus odieux ou les
plus coupables faiblesses. En traçant dans cette comédie le
caractère de Senange j'avais voulu dépeindre les agitations,
les craintes, les espérances de ces Tartuffes nouveaux, et
certes un pareil travail était au-dessus de mes forces et de
mon expérience. Mais si un homme supérieur, doué d'une
grande vertu, d'une pénétration profonde, d'un caractère
énergique, laissait exhaler en traits de feu toute l'indignation de son âme ; quel bien ne ferait-il pas? quelle révolution salutaire n'opérerait-il pas dans les esprits? Les pères
désabusés ne tourmenteraient plus leurs enfans parce qu'ils
ne pourraient plus justifier leurs maximes ambitieuses ; les
jeunes gens s'occuperaient d'études sérieuses dans le silence
de la retraite ; ils s'exerceraient à la pratique des vertus, ils
apprendraient, avant d'agir, à devenir hommes et citoyens ;
et je n'ai pas besoin de dire quel avantage il en résulterait
pour la patrie et pour les mœurs.... Mais revenons à mon
ouvrage, car il semblera à certaines personnes que je m'en
suis beaucoup écarté, quoique je ne sois pas sorti de mon
sujet.

L'intrigant *actif* est un homme sans pudeur; il se tourmente, il s'agite, il calomnie; en un mot c'est un monstre,
et le Marignan de ma pièce. On m'a reproché d'en avoir fait
un personnage révoltant qu'on ne pourrait supporter à la
lecture ni sur la scène. Je n'ignore pas qu'une âme honnête
se soulève d'indignation quand on lui offre les traits d'un
méchant, car alors il semble toujours qu'on sort de la nature, et on voudrait se persuader que des êtres aussi avilis
ne peuvent exister dans la société. Mais bientôt des trahisons
cruelles, des inimitiés implacables, et le spectacle affligeant
des plus odieuses passions dissipent une aussi douce erreur,

et nous forcent enfin à reconnaître la vérité. Eh! pourquoi garderait-on des ménagemens avec le vice ? je voudrais au contraire qu'on le présentât sans cesse et dans toute sa laideur aux regards des hommes vertueux. Ils s'indigneraient! ils détourneraient la tête avec horreur! Eh bien , je leur dirais : Vous êtes bons , sensibles , honnêtes , je le crois ; mais vous êtes-vous flattés de l'être toujours? Qui vous a dit que les séductions qui vous pressent de toutes parts dans le monde ne finiraient pas par vous corrompre? Apprenez à vous défier de vous-mêmes; regardez cette image , toute dégoûtante qu'elle est , et voyez où nous entraînent quelquefois d'impétueux désirs et d'ambitieuses espérances. Les hommes les plus corrompus avaient reçu , comme vous, de la nature tout ce qu'il fallait pour être bons et vertueux ; mais ils ont dédaigné sa voix , ils n'ont pris que leurs passions pour guide , et voilà ce qu'elles en ont fait. Vous êtes hommes et sujets aux mêmes faiblesses ; profitez de leur exemple. Voyez comme ils sont avilis et dégradés , comme ils s'applaudissent du mal qu'ils ont fait , et après cela rentrez en vous-même ; je suis sûr que vous vous sentirez meilleurs , et que vous redoublerez d'efforts pour ne leur ressembler jamais. Sans doute la vue d'une bonne action nous attendrit et nous charme : cependant l'honnête homme qui se sent capable de la faire n'y trouve rien que de très-naturel , et le méchant se dit au fond de son cœur : S'il ne fallait que cela pour être vertueux, il me serait bien facile de le devenir ; mais le genre de vie que j'ai choisi a plus d'attrait pour moi , et je préfère à tout le reste les jouissances de l'ambition, ou les plaisirs de la volupté.... Ah! l'image du vice laisse dans l'âme des impressions bien plus profondes ! il agite, il remue , il fait horreur, et nous attache plus fortement encore à la vertu , en nous faisant sentir combien on est à plaindre quand on s'abandonne à de fausses maximes et à des penchans déréglés. — Maintenant , je le demande , que pourraient répondre à ces paroles les hommes les plus délicats et les plus scrupuleux ? Ne seraient-ils pas forcés de céder à mes raisons ? Ils regarderaient le tableau que je mettrais sous leurs yeux , ils frémiraient sans doute ; mais ensuite avec quel zèle nouveau il rempliraient tous leurs devoirs ! comme ils redoubleraient d'efforts pour mériter l'estime et la bienveillance ! comme ils s'applaudiraient d'avoir une conscience pure et tranquille ! Où si, après d'aussi terribles leçons, ils étaient tentés de faire le mal, soyez sûrs qu'on pourrait les juger sans crainte; ce n'étaient que des hypocrites.

Quelques littérateurs distingués, dont je ne combats l'opinion qu'avec une extrême défiance, ont prétendu que les personnages odieux qu'on mettait en scène devaient offrir toujours un côté brillant, et j'avoue que je ne comprends pas leurs raisons. L'homme, toujours mécontent de son sort, inquiet dans ses désirs, n'est que trop facilement entraîné vers le mal, et pour peu qu'il se présente à ses yeux avec quelque avantage, il pourra se laisser séduire malgré les meilleures intentions , ou s'il est déjà corrompu , il s'abandonnera à ses excès avec plus de confiance et de vanité. Voilà ce que je crains. — Mais, nous dit-on, si le portrait est trop odieux personne ne voudra s'y reconnaître , et alors il restera sans effet. — Je crois que les réflexions morales que je viens de faire réfutent déjà cette objection : je ne répéterai pas ce que j'ai dit. Mais pour donner plus de force à mon sentiment , je consulterai l'expérience du théâtre ; et quoiqu'il fût facile de citer beaucoup d'exemples, je me contenterai de raisonner d'après des suppositions qui sont si naturelles et si simples qu'on peut les regarder comme la vérité même.

Quelle impression produisent ordinairement dans le monde ces hommes audacieux et brillans , doués d'une imagination ardente , d'un esprit insinuant et flexible , qui séduisent enfin la multitude par des qualités extérieures , tandis que tous les vices sont dans leurs cœurs ? Personne n'ignore que des gens de cette espèce sont toujours très-dangereux. Le peuple vain, léger, qui ne raisonne jamais, qui s'enthousiasme sans savoir pourquoi, préfère un fripon qui l'amuse par des traits d'esprit, à un homme simple et modeste qui fait le bien sans se soucier de ses applaudissemens. Aussi, lorsqu'il serait facile de voir que ces misérables qu'on admire ne sont que des fourbes, qui se jouent de la faiblesse des autres, on se presse autour d'eux pour les entendre ; on redoute la malice de leur esprit, on se glorifie des éloges qu'ils ne prodiguent qu'aux sots et aux riches, et parce qu'ils sont aimables, qu'importe qu'ils soient vicieux !... Pourquoi des personnages à peu près semblables ne produiraient-ils pas le même effet sur la scène ? Croyez-vous que l'infâme Cléon ne trouverait pas aujourd'hui, parmi ses auditeurs, beaucoup de jeunes étourdis comme Valère, qui, sans examiner les suites funestes de sa conduite, se laisseraient charmer par ses décisions tranchantes et dédaigneuses, ou son cruel persifflage ? N'en voit-on pas même tous les jours qui cherchent à l'imiter pour se donner de jolis airs dans le monde, et se faire rechercher partout en se faisant haïr ? Pensez-vous que beaucoup de femmes ne s'applaudiraient pas de faire la conquête d'un don Juan, et ne lui pardonneraient pas son inconstance en faveur de ses charmantes friponneries et du libertinage de son esprit ? Les aimables vauriens qui lui ressemblent, n'ont-ils pas été toujours des hommes à bonnes fortunes ? Comme l'habitude des plaisirs les a rendus très-habiles, et qu'ils ne cherchent qu'à les goûter sans tyranniser les cœurs, les femmes capricieuses et légères les aiment à la folie, parce qu'elles apprennent, avec eux, tous les secrets de la volupté, et qu'elles peuvent ensuite s'en débarrasser sans essuyer les maussades reproches de l'amour, et les fureurs du sentiment. Eh bien ! quand les méchans et les libertins ne sont que trop répandus, quand on s'efforce même de les imiter, faut-il encore les produire sur la scène dans tout leur éclat pour qu'ilaillent se reconnaître et s'applaudir ? Doit-on présenter la coupe pleine de poison , au lieu de la briser et de la jeter au loin ? Je sais que tous les prétendus avantages de ces hommes corrompus ne sont rien pour un observateur sévère , qu'ils ne sauraient ébranler son âme fortement entourée de sa vertu , et qu'en les appréciant avec sagesse il apprend à les mépriser. Mais ne suffit-il pas qu'ils puissent exalter de jeunes têtes, ou égarer des esprits ignorans et faibles , pour qu'on se garde bien d'en retracer l'image ? Et quand un spectacle ne corromprait qu'un seul homme , ne devient-il pas criminel, et peut-on le voir sans rougir ?....

Molière , le plus grand philosophe , peut-être , qui ait jamais existé , s'est bien gardé de parer le vice de quelque qualité séduisante quand il a voulu donner aux hommes de grandes et terribles leçons. Aussi, c'est alors que tout son génie se déploie, et que ses caractères , dépeints avec une effrayante vérité , laissent dans l'âme des traces profondes. Le *Tartuffe* et l'*Avare*, que je regarde comme les chefs-d'œuvre de l'esprit humain , sont en même temps les deux pièces les plus morales de notre théâtre. Quels tableaux effrayans, et quels salutaires exemples ! Comme cet Harpagon est vil , odieux et ridicule !... quelle âme sordide !... quelle infâme cupidité ! Et ce faux dévot, comme il est traître , méchant et corrompu ! comme il abuse de ce qu'il y a de plus sacré pour tromper un homme crédule, et porter le désordre dans une honnête famille ! Peut-on le voir et l'entendre sans que le cœur se soulève d'indignation, et tressaille de colère ? Harpagon et Tartuffe sont-ils doués de quelques qualités ? inspirent-ils un seul instant de l'intérêt ? Les hommes qui font partie de cette classe d'êtres bornés qui ne réfléchissent pas, riront sans doute aux éclats du ridicule de leurs paroles et de la brutalité de leurs désirs , mais ils n'applaudiront jamais , ils seront même souvent révoltés ; et tandis que l'homme vertueux frémira d'horreur à chaque scène, l'hypocrite ou l'avare, silencieux, rêveur,

et forcé de rentrer en lui-même à la vue de son image, rou-.
gira de son avilissement, et fera peut-être des efforts pour
se corriger... J'ai lu quelque part qu'un vieil usurier en sortant d'une représentation de *l'Avare* disait que c'était une
pièce fort morale, et qu'on pouvait y puiser de grandes
leçons d'économie. J'ignore si ce fait est vrai. Quand il le
serait, que prouve-t-il ?... Ou cet homme voulait déguiser
par une plaisanterie le remords qui le tourmentait, et
éloigner le ridicule qu'il devait craindre ; ou bien ce n'é-
tait qu'un insensé abruti par le vice, et digne de com-
passion.

Après les deux pièces que je viens de citer, et *les Femmes
savantes*, qui, sans attaquer des vices odieux, détruisirent
cependant des ridicules déplorables, je ne trouve qu'un
seul ouvrage qu'on puisse leur comparer, et c'est la comédie de *Turcaret*. Ici, comme le vice est encore représenté dans toute sa laideur, le tableau doit toujours produire
son effet ; et qu'on ne soit pas surpris de ce que j'avance ;
des preuves bien fortes viennent à l'appui de mon opinion.
Tandis qu'un grand nombre de comédies, qui ne paraissaient
que pour amuser les gens oisifs, n'éprouvaient aucun obstacle, et étaient oubliées bientôt après, le *Tartuffe* et *Turcaret* essuyaient tous les honneurs de la persécution. D'un
côté, les courtisans, qui, sous les dehors de la dévotion, se
poussaient à la cour, captivaient la bienveillance du prince,
et parvenaient aux dignités, pâlirent en songeant qu'on
allait arracher le masque qui les couvrait, et dès-lors, craignant qu'on ne vît plus en eux que de vils intrigans et des
flatteurs adroits, ils se soulevèrent, avec toute la rage du
désespoir, contre l'immortel ouvrage de Molière : de l'autre
côté, les traitans et les fermiers-généraux, personnages
très-puissans dans la société, et qui jouissaient de cette
sotte considération malheureusement attachée à la fortune, redoutèrent le ridicule et la honte, et firent tous leurs
efforts pour anéantir le chef-d'œuvre de Le Sage... Il fallut

enfin qu'un ordre supérieur ordonnât la représentation de ces deux pièces ; on accourut en foule, on applaudit avec transports. Ceux qui étaient intéressés à troubler un pareil succès voulurent en vain se soulever avec plus de fureur que jamais ; le premier coup était porté, leur indignation et leur dépit ne servirent, au contraire, qu'à faire mieux apprécier la ressemblance des portraits ; ils furent couverts d'infamie, et accablés sous le poids de la vérité. Forcés alors de garder le silence, les hypocrites n'osèrent plus se montrer ou se corrigèrent ; les fermiers-généraux apprirent à faire un noble usage de leur fortune, et le triomphe du génie et de la morale fut complet..... Je n'ajouterai rien à cela, parce que les faits valent mieux que les raisons, et que d'ailleurs tout ce que j'aurais à dire sur le même sujet pourrait fatiguer le lecteur. Je me permettrai seulement de conclure que si les caractères de ma pièce étaient tracés avec énergie, et l'intrigue nouée avec art (ce qui n'est pas), on ne pourrait me reprocher d'avoir fait de l'intrigant actif un personnage véritablement odieux.

On m'a fait un autre reproche, qui, sans paraître aussi grave que le premier, pourrait cependant séduire quelques esprits ; et je vais tâcher de prévenir leur erreur... — Vous avez banni l'amour, m'a-t-on dit, et alors plus de charme, plus d'intérêt, plus de plaisir.—Pour répondre à cette objection, il n'est pas nécessaire, je crois, d'examiner si on ne pourrait pas faire une bonne comédie sans intrigue amoureuse, il suffit de demander si on n'est pas obligé aujourd'hui de s'en passer. Le théâtre est la représentation des mœurs du jour ; la comédie, l'histoire des préjugés ou des passions d'une époque, et cette histoire doit être vraie. Eh bien ! connaît-on l'amour aujourd'hui ? Les jeunes gens, ridicules, présomptueux et débauchés, ne se livrent-ils pas aux plus honteux excès ? n'épuisent-ils pas leur vie au sein des plaisirs ? et pourvu qu'ils aient séduit une jeune fille, ou souillé le lit d'un honnête homme, leur petite vanité n'est-elle pas satisfaite, et ne vont-ils pas se glorifiant par-tout de leur triomphe? *Une démarche libre, un regard as-suré, une gorge découverte, me faisaient courir à dix-huit ans.* C'est Diderot qui s'exprime ainsi; et que prouve-t-il? Qu'à cet âge où le sang circule avec activité, où un trouble naissant fait palpiter le cœur, où on devrait connaître le besoin d'aimer avant celui de jouir, le corps est déjà usé par la débauche, et qu'on est réduit au triste sort des vieil-lards qui ne sentiraient plus rien, si la vue d'une femme indécente et voluptueuse, ou l'image du vice effronté, ne venaient quelquefois rallumer leurs désirs, et réveiller leurs sens engourdis..... Et, quand on se marie, consulte-t-on son cœur? cherche-t-on une femme douée de qualités esti-mables, digne d'être aimée, et qui sache embellir la vie par des soins délicats et une tendresse à toute épreuve? Non, sans doute; c'est la fortune qu'on poursuit, et quand on l'a trouvée on se met fort peu en peine du reste. Cepen-dant on veut voir sur la scène des amans tendres et désin-téressés; il faut leur faire débiter mille niaiseries passion-nées, ils faut qu'ils se promettent de s'aimer toujours; ni l'inégalité de la fortune ou de la naissance, ni le courroux d'un père, ni les dissipations du monde, ne sauraient affai-blir leurs sentimens; l'image de l'objet chéri doit être sans cesse présent à leur pensée; on veut qu'ils résistent à tous les obstacles, qu'ils sacrifient leur intérêt, qu'ils refusent de riches partis pour les beaux yeux d'une maîtresse ou les charmantes douceurs d'un amant: et toutes ces choses extraordinaires doivent se terminer par un bon mariage. Juste ciel! comme tout cela est opposé à nos mœurs! Est-il rien de plus ridicule que de débiter sur la scène de pareils mensonges? Les auteurs comiques le sentent si bien, que leurs intrigues amoureuses sont, en général, froides, in-sipides, étrangères à l'action; et il est facile de s'apercevoir qu'ils les introduisent dans leurs ouvrages, parce qu'ils craignent de s'affranchir d'un usage ennuyeux, et dont on n'a que trop long-temps abusé. Mais pourquoi exige-t-on ces chimériques tableaux, dont on ne saurait faire l'application? C'est qu'on ne veut que se dissiper ou se distraire, et que les remords empoisonneraient le plaisir, si on était forcé de rentrer en soi-même et de rougir un instant de ses faiblesses. Voulez-vous faire des comédies? offrez à nos regards des fats ignorans, et des petits-maîtres présomptueux; mettez dans leur bouche le froid jargon de la galanterie, qui annonce si bien la petitesse de l'esprit et la stérilité du cœur; peignez-nous le dégoût et l'ennui qui suivent toujours ces tristes mariages de spéculation, le désordre qui règne dans les familles quand deux époux qui se détestent, vont chercher dans le monde des distractions qu'ils ne sauraient plus trouver chez eux: retracez-nous ces affligeans tableaux avec une grande énergie, et soyez sûrs qu'ils produiront de l'effet, parce qu'ils seront vrais.

L'amour est aujourd'hui tristement relégué dans les romans. Les femmes elles-mêmes, douées d'une imagination ardente, et qui semblent être nées pour sentir avec tant de délicatesse, préfèrent de frivoles amusemens au bonheur d'aimer et d'être aimées. Aussi leur beauté a perdu son plus grand charme; un touchant embarras ne donne plus à leur maintien une grâce aimable et naïve; leurs yeux et le son de leur voix n'ont plus la même douceur; et si on éprouve quelque chose auprès d'elles ce n'est certainement pas de l'amour. Tant qu'elles sont jeunes et soumises aux volontés d'une mère, elles affectent de la modestie; mais à la vue d'une jolie figure, d'une jambe bien faite, d'une tournure agréable, elles ne peuvent cacher le trouble impétueux qui agite leur sein, une châleur brûlante colore leurs joues, on les voit lancer à la dérobée des regards animés par l'espérance et le désir, et il est facile de deviner que tout cela n'est pas encore de l'amour. Comment, en effet, un sentiment tendre pourrait-il se mêler à leurs pensées, au milieu d'une foule d'hommes audacieux et libertins, de femmes galantes et légères, quand elles sont enfin entourées des hommages d'une jeunesse indiscrète et dissipée, qui flatte leur vanité sans jamais parler à leurs cœurs?.. O délicieuse ivresse! ravissemens célestes! volupté pure et touchante des âmes sensibles, on ne vous connut jamais dans le monde! L'amour naît dans la solitude et se nourrit dans le silence; la sombre épaisseur des bois, le bruit prolongé des vents, les molles ondulations de la lumière et de l'ombre, mêlent à ses rêveries quelque chose de mystérieux et de plus tendre; il semble que tout dans la nature répond aux soupirs d'un cœur passionné. Alors on est véritablement heureux; on oublie le monde; on ne voit plus dans l'univers qu'un seul objet, et une retraite isolée embellie par les plus riantes images et par la présence de ce qu'on aime..... Mais, qu'importent aux femmes de nos jours, ces rêves délicieux et ces sentimens aimables? Comme elles ne se marient que pour avoir le droit de vivre avec plus de liberté, à peine ont-elles fait serment d'être toujours fidèles, qu'elles ne s'occupent plus que de leurs plaisirs ou de leurs triomphes; un époux et un ménage sont pour elles des choses maussades et ridicules, dont une jolie femme ne peut s'occuper sans rougir. Elles aiment mieux passer leurs jours dans une molle inaction, s'occuper de plaisirs frivoles, se parer avec une coquetterie raffinée, sourire tendrement à leur image: mais cette vanité n'est pas pour un époux; ce serait là de l'amour, et elles ne le connaissent pas. Elles veulent plaire à tout le monde, éclipser les autres femmes, attirer autour d'elles le plus grand nombre d'adorateurs; et quand on a vanté la vivacité de leurs yeux, *l'éclat emprunté de leur teint*, le goût exquis de leur parure, elles osent se flatter d'être heureuses. Mais, que le bruit cesse un instant autour d'elles, que la foule se disperse, qu'elles rentrent dans leur maison, tout les fatigue ou les ennuie: leur mignardise et leur délicatesse les empêchent de s'occuper; leur cœur est vide et ne sent plus rien; leur esprit, rempli de pensées vagues et de projets frivoles, est incapable de réfléchir, il leur faut du bruit, de l'éclat, des fadeurs; et encore cette fausse félicité dépend des autres.... Poètes comiques! saisissez donc vos pinceaux; retracez-nous sur la scène le manége de la coquetterie, les noirceurs charmantes des belles dames, le dépit qu'on ressent à la vue d'une rivale; en un mot, soyez vrais; laissez l'amour; peignez-nous des ridicules et des vices, on ne voit pas autre chose dans le monde.

Mais si ces intrigues amoureuses sont étrangères à nos mœurs, elles doivent être encore bannies de la scène, parce qu'elles laissent des impressions dangereuses, et détruisent le véritable amour. À peine les jeunes personnes commencent-elles à parler que leurs mères ne se font aucun scrupule de les conduire au spectacle. Là elles voient des amans tendres et passionnés, elles écoutent leurs discours avec émotion, elles partagent leurs peines, leurs espérances et leur bonheur; peu à peu elles s'habituent à ces images, et finissent par ne les regarder que comme de jolies choses inventées pour leurs plaisirs. Aussi, quand leur raison se développe, quand leur taille s'embellit de formes gracieuses, la nature n'a rien à leur apprendre; car elle ne trouve, dans leurs cœurs, que de l'indifférence et du dégoût. Une instruction précoce a détruit pour elles toutes les riantes illusions de la jeunesse : elles ne connaissent pas cette vague inquiétude qui annonce le besoin d'aimer; leurs yeux, errans et distraits, ne semblent pas chercher dans la foule un objet qui réponde à leurs sentimens, et de douces larmes ne coulent pas sur leurs joues animées quand elles entendent parler du bonheur de deux êtres tendrement unis. Cependant la nature ne doit rien perdre de ses droits : la force de leur âge les tourmente; leur sang circule avec plus d'activité; elles éprouvent aussi des désirs, et il faut qu'une révolution s'opère. Mais comme elles ont vu l'amour, pour ainsi dire, avant de le sentir, il ne se présente à leur esprit que sous des formes matérielles; leurs cœurs restent sans émotions, et leur imagination seule est inquiète et passionnée; elles se rappellent les caresses des amans; le tressaillement qu'ils paraissaient éprouver, quand leurs mains se rencontraient, ou qu'un baiser, qu'on refusait en brûlant de l'accorder, était enfin cueilli sur la joue d'une maîtresse. Alors leur tête s'échauffe, une chaleur dévorante circule dans leurs veines; elles songent que de tendres embrassemens calmeraient aussi leurs souffrances, et les malheureuses s'agitent sur leur couche embrasée sans pouvoir trouver le repos. Hélas! au lieu de connaître les tendres émotions et les rêves agréables de l'innocence doucement agitée par l'amour, elles sont en proie à tout le délire de la volupté!.. — Quel étrange sophisme! quelle ridicule exagération! Le théâtre pourrait-il produire de pareils effets?— Et pourquoi pas? Les raisons que j'en donne me paraissent assez simples. L'éducation ne forme-t-elle pas le cœur et l'esprit, ne fixe-t-elle pas souvent pour la vie les goûts, les habitudes et les opinions, ne rend-elle pas l'homme méchant, en lui communiquant les préjugés d'une société corrompue; ou ne lui apprend-elle pas à devenir bon, généreux, sensible, en se contentant de développer avec soin les germes précieux que la nature a déposés dans son cœur? Eh bien, le théâtre n'est-il pas une espèce d'école pour ceux qui le fréquentent? C'est là qu'on semble dire à une jeune personne : Vous êtes belle, aimable, hâtez-vous de choisir un amant; voyez quel plaisir on éprouve à la vue d'un objet chéri; avec quelle douce confiance on épanche dans son sein ses moindres pensées; comme on est triste quand il faut se séparer! Comme on sait exprimer par des regards le désir de se revoir bientôt! Mais ces choses sont si souvent répétées qu'elles ne produisent plus aucun effet. L'esprit toujours turbulent et désireux d'apprendre, oublie bientôt ce qu'il connaît pour poursuivre avec inquiétude ce qu'il ignore

D'ailleurs on voit bien qu'une mutuelle tendresse ne suffit pas pour le bonheur, que deux amans sont toujours agités jusqu'au moment où on promet de les unir ; et on en conclut que le mariage seul procure les plus grandes jouissances et que tout le reste n'est rien. Mais comme on laisse ignorer ce secret, l'imagination ne peut plus avoir de repos : et quel effet produira donc une pareille inquiétude sur de jeunes cœurs avides de plaisir, et qui s'attachent avec tant de vivacité à tout ce qui leur en présente l'image ? Qui vous a dit qu'en sortant du spectacle un jeune homme, tourmenté par ses funestes idées, n'entrera pas dans un lieu de débauche pour se faire initier dans tous les mystères de la volupté ; et qu'une jeune fille ne sera pas plus douce, plus indulgente, plus facile avec le premier venu qui lui parlera d'amour, et la séduira par ses éloges flatteurs ? Je n'ignore pas qu'une intrigue amoureuse répand beaucoup d'intérêt dans une comédie ; mais si on ne voit plus l'amour sur la scène, on le trouvera partout dans le monde ; il remplira nos cœurs d'une douce sensibilité ; il embellira notre existence ; et qu'importe que le théâtre nous ennuie quelquefois, quand nous serons sûrs de trouver chez nous des enfans aimables et naïfs, et des épouses tendres et fidèles ? Ah ! comme nous serons enivrés de joie en recevant leurs caresses !... Comme nous les presserons avec émotion dans nos bras ! et certes ce plaisir vaut bien tous les autres....

Mais en soutenant que l'amour devrait être exclu du théâtre, et le vice représenté sans déguisement, j'avouerai que nous sommes asservis aujourd'hui à de certaines bienséances, et qu'il faut avoir du courage pour oser s'en affranchir. Le public affecte au milieu de la débauche la plus scrupuleuse délicatesse ; une expression énergique et vraie blesse ses oreilles chatouilleuses ; et si on lui montre des personnages trop odieux il criera au scandale, et les pièces n'auront aucun succès. L'indignation sera plus forte encore si l'on ose attaquer les femmes ; ce n'est pas qu'on les respecte ; on craint au con-

traire de perdre le droit de les mépriser, si une morale douce
les rappelait à leurs devoirs en leur faisant sentir que l'innocence seule est aimable, et que les grâces même ont
quelque chose de plus touchant quand elles sont embellies
par la pudeur. Aussi comme la corruption du sexe est nécessaire aux plaisirs des hommes, ils se font un jeu d'entourer de séductions et de piéges des êtres faibles et fragiles,
et ne voudraient les enivrer sans cesse que de flatteries raf-
finées et perfides, pour pouvoir mieux abuser de leur faiblesse et jouir de leur déshonneur.

Eh bien ! il ne faut pas se laisser abattre par ces obstacles.
Un législateur ne flatte pas les passions et les petits intérêts
d'un peuple qu'il veut réformer... et quel but doit se pro-
poser un écrivain qui aime ses semblables et la vertu ? Ne
faut-il pas qu'il se pénètre de ses devoirs, que la vérité
coule sans cesse de sa plume, et qu'il attaque avec énergie les préjugés et les passions, pour tâcher de rendre les
hommes meilleurs ?—Mais on n'aime pas à entendre toujours
des sermons, et la morale a quelque chose de rebutant et
d'ennuyeux. — Oui, quand ceux qui la débitent n'ont dans
l'esprit que la misérable prétention d'inventer d'absurdes
systèmes, d'aligner froidement des mots, et de se parer avec
morgue du titre d'auteurs. La morale n'exclut pas le charme
de l'éloquence et la chaleur du sentiment ; et croyez-vous
qu'un homme doué d'une âme ardente et embrasée de l'a-
mour de l'humanité n'attachera pas malgré qu'on en ait ?
L'enthousiasme qui le tourmentait en écrivant ne passera-
t-il pas dans l'âme des autres ? Ne remuera-t-il pas les en-
trailles les plus insensibles ? Quelque fortes et énergiques
que soient ses peintures, ne voudra-t-on pas les avoir sans
cesse sous les yeux, parce qu'on se sentira élevé par la force
de ses discours et la sublimité de sa vertu ? Qui n'a pas lu
les écrits du philosophe de Genève ? Qui n'a pas arrosé de
pleurs ses pages brûlantes ? Qui n'a pas senti en le quittant
le besoin d'être vertueux, et le désir de le relire encore ?

Voilà le triomphe du vrai moraliste : la vérité unie au sentiment est plus forte que le fer et l'airain, elle brise et amollit des cœurs de pierre.

Chaque écrivain a son genre, nous dit-on ; tout le monde ne peut pas plaire, instruire et toucher. — Eh bien ! taisez-vous ; qui vous force d'écrire ? Avons-nous besoin de tous ces petits faiseurs de vers tendres, d'élégies langoureuses, de romans voluptueux ? De pareils ouvrages pourront plaire à la jeunesse et briller dans les boudoirs ; l'auteur sera recherché comme un homme aimable, caressé par les petites maîtresses ; il deviendra même, si vous voulez, un homme à bonnes fortunes..., mais qu'aura-t-il fait pour la société ? Il aura contribué à amollir les âmes, à nous éloigner de nos devoirs en nous appelant aux plaisirs ; il aura enfin grossi les sources de la corruption au lieu d'en arrêter les progrès. Qu'aura-t-il fait pour sa propre gloire ? Ses jolis écrits parfumés ne seront-ils pas bientôt éclipsés par d'autres du même genre ? Dans dix ans parlera-t-on de lui ? et cependant pour un instant de réputation et quelques fades éloges de cotteries, il aura prostitué sa plume, sacrifié son honneur, et perdu un temps qu'il aurait pu bien employer. N'aurait-il pas mieux fait de labourer la terre, ou de travailler dans un atelier ? Le paysan nous donne du pain, l'artisan nous procure les commodités nécessaires à la vie, et ils paient leur dette à la société. Mais lui il était incapable de rien faire de bon et d'utile ; fallait-il pour cela qu'il distillât du poison ? Que ne se contentait-il de vivre dans une stérile oisiveté ! Il aurait passé comme tant d'autres sans être aperçu, et s'il n'avait pas connu la douce satisfaction qu'on éprouve quand on a fait quelque bien aux hommes, du moins n'aurait-il eu aucun crime à se reprocher, et c'est encore beaucoup.

Les écrivains qui attaqueront les vices et les préjugés dominans d'une époque seront sans doute persécutés, parce que les esprits faibles qui se laissent facilement séduire sont toujours en très-grand nombre , et que les plus fripons sont encore les plus puissans dans un état corrompu, où on ne parvient à s'élever qu'à force de bassesses. Molière, La Bruyère, Fénélon, Jean-Jacques vécurent dans la pauvreté ou dans l'exil. Eh bien! n'est-il pas glorieux pour des poëtes et des philosophes de partager les humiliations et les outrages dont on accable le génie et la vertu? Le sentiment d'une conscience pure et l'approbation des bons esprits, ne suffiront-ils pas pour les dédommager de la fureur des méchans et de l'ingratitude de leur siècle? Mais l'injustice ne peut durer long-temps quand les objets sur lesquels elle s'est exercée subsistent encore après elle ; il faut que l'irritation des esprits se calme , et alors le sentiment des hommes vertueux serait-il compté pour rien ? Leurs voix, que le mensonge et la flatterie n'auraient jamais souillées, et qui s'éleveraient avec force contre l'opinion générale, seraient-elles étouffées et méconnues ? Non sans doute ; il serait triste et cruel de désespérer ainsi de l'espèce humaine. Les hommes les plus corrompus savent encore rendre hommage au vrai mérite ; respecter la modération et l'honnêteté dans les autres , et soyez sûrs que si dans des affaires importantes ils avaient besoin de conseils sages et d'amis dévoués, ils n'iraient pas les chercher au milieu du monde , et parmi les complices de leurs plaisirs. Aussi quand ils seront fatigués de déclamer avec la multitude contre les auteurs qui voulaient les instruire , l'approbation des personnes qui méritent toujours la confiance par leurs lumières et leurs vertus produira dans leur esprit une impression favorable; ils reliront avec calme les écrits qu'ils condamnaient dans un moment d'erreur, et se laisseront enfin entraîner par la force de la vérité et l'excellence des principes. C'est ainsi que le bien s'opère lentement et par degrés. Il y a dans le cœur de l'homme une vanité délicate et funeste qui se soulève et s'irrite quand on la blesse ; mais qu'importe que chaque individu cherche à se persuader que les traits lancés contre le vice ne sauraient retomber sur lui, pourvu que l'impression qu'il éprouve soit toujours salutaire et profonde ? et quand il n'apprendrait seulement qu'à se défier des méchans et des fourbes, dont la société empoisonne tous les goûts et compromet quelquefois l'existence, croyez-vous qu'un trouble secret, qu'une agitation violente ne le poursuivront pas au milieu de ses tristes plaisirs, et ne reconnaîtrez-vous pas dans cette inquiétude nouvelle les combats d'une âme fatiguée de son esclavage et qui voudrait enfin briser sa chaîne ? L'image du vice démasqué en soulevant les cœurs de dégoût les prépare à recevoir des impressions vertueuses ; on ne voit plus le monde qu'avec indifférence dès l'instant qu'on commence à le craindre, et ainsi, en refusant toujours de reconnaître et d'avouer ses faiblesses, on se corrige sans s'en apercevoir.

Il résulte de ce que je viens de dire, qu'un ouvrage de quelque genre qu'il soit, doit toujours être rempli de pensées fortes et morales, et que s'il soulève un instant les esprits il sera lu ensuite avec avidité, et il parviendra à éclairer les hommes en dépit des clameurs de la multitude et des intrigues des méchans. Quel sera donc le sort des pièces de théâtre qui attaqueront avec énergie les préjugés dominans d'une époque ? Ne produiront-elles pas à la représentation beaucoup plus d'effet qu'à la lecture ?... Non, dites-vous ; le théâtre sera désert ; et j'avoue de mon côté que je ne verrais pas un grand mal à cela. Mais bannissez toute crainte : il faut des spectacles dans les grandes villes, a dit le philosophe de Genève, et surtout dans une monarchie, où l'inégalité des fortunes et des conditions entretient au sein de l'oisiveté une foule de citoyens sans vertus, qui croiraient en travaillant se rendre indignes de leur naissance, et pour qui les richesses ne sont qu'un moyen facile de se procurer toutes les distractions dont ils ont besoin pour ne pas périr d'ennui avec leur ridicule vanité... Eh bien ! si les auteurs luttent contre l'opiniâtreté du public, s'ils poursuivent avec constance leurs plans de réforme, croyez-vous que ces êtres affamés de jouissances pourront se priver d'un plaisir qui n'a plus sans doute aucun attrait pour eux parce qu'ils sont dégoûtés de tout, mais qui délivre du moins leur existence de quelques heures importunes, dont le poids les accablerait s'ils étaient obligés de penser? ou ne faudra-t-il pas qu'ils se condamnent à bâiller dans leurs magnifiques hôtels, et à passer leurs soirées au milieu de leur famille comme de bons et honnêtes bourgeois? Et pensez-vous que leur choix sera douteux? Ils préfèrent encore le dégoût d'entendre de la morale à la honte de paraître ridicules...: d'ailleurs si les comédies sont instructives et vraies, les honnêtes gens s'empresseront d'aller au théâtre; et alors quelle sera l'étrange position des autres? En se séparant des personnes recommandables par leur conduite, ne sembleront-ils pas faire l'aveu de leurs faiblesses et de leurs mauvaises mœurs? ne craindront-ils pas de fournir un aliment aux interprétations malignes et aux censures amères? Voilà, dira-t-on, des gens du monde qui depuis trente ans venaient se donner en spectacle dans leurs loges grillées; ils assistaient à toutes les représentations; et aujourd'hui que le théâtre est devenu une école de mœurs, parce qu'on attaque sans déguisement les vices du siècle, on ne les voit plus, car ils tremblent sans doute de se reconnaître et d'être forcés de rougir. Quelle humiliation, grand Dieu! et que feront-ils pour l'éviter? Ils continueront d'aller au théâtre; et en affectant de ne pas le craindre, ils aimeront encore mieux se reconnaître dans les portraits qu'on mettra sous leurs yeux, que de laisser à la malice du public le soin d'en faire l'application.

Ainsi cette violente opposition du public, qu'on regarde comme une difficulté insurmontable, disparaît devant le courage des écrivains, et ne saurait justifier ceux qui font débiter sur la scène des frivolités et des mensonges. Il existe néanmoins un obstacle réel, indépendant de notre volonté; et je me garderai bien d'en parler, parce que toutes les mesures arbitraires soulèvent mon cœur de dégoût, et que l'indignation que j'éprouve me pousserait peut-être loin des bornes de toute sagesse. Cependant je n'ai pas encore fini; après avoir tâché de réfuter quelques objections pour combattre les vieux préjugés qui s'opposent aux progrès de la comédie, il me reste à faire part au lecteur de mes observations sur la marche qu'on doit suivre pour rendre les pièces de théâtre instructives et vraies, et ceci mériterait sans doute de très-longs développemens. Mais comme cette préface commence à être déjà beaucoup trop étendue, je me contenterai d'exposer mes idées principales avec toute la briéveté possible, et j'espère que je serai assez clair pour me faire comprendre.

Ce sera sans doute une époque bien glorieuse pour la philosophie moderne que le jour où, brisant la chaîne des opinions anciennes, elle comprit enfin que la pensée pouvait être libre, et qu'il ne fallait pas rechercher l'homme dans les objets extérieurs, mais remonter à la source et l'étudier en lui-même. Pourquoi la comédie ne suivrait-elle pas la marche du siècle et les progrès de la raison? N'est-elle pas associée à la philosophie? ne tendent-elles pas ensemble vers un même but d'amélioration? L'une cherche à faire connaître l'homme en analysant ses facultés; l'autre en le mettant en action: la première nous apprend à devenir meilleurs, la seconde à nous corriger de nos vices. Rechercher avec soin les lois de la pensée, étudier les phénomènes de la conscience, les différentes opérations de la réflexion et de la volonté, enfin, si je puis m'exprimer ainsi, le mécanisme intérieur de l'homme, c'est là le but de la psychologie ou de la philosophie proprement dite : s'emparer ensuite de ces grandes découvertes, et les employer au bonheur et au perfectionnement de l'humanité, voilà ce que la philosophie morale doit faire. La comédie dérive nécessairement de l'une et de l'autre : elle n'est pas sans doute aussi étendue que la psychologie, parce qu'elle ne conclut pas du général au particulier, et qu'elle ne considère pas la pensée comme attribut de l'espèce humaine, mais comme une faculté qui appartient à chaque individu. Après cela je crois qu'elle doit suivre à peu près la même marche que la philosophie : celle-ci met l'espèce humaine en rapport avec l'existence ; la comédie met une personne en rapport avec quelque événement de la vie ; elle ne cherche pas à expliquer la pensée générale, mais les pensées diverses ; en un mot elle se rapproche de nous, elle applique à notre situation présente les grandes opérations de la psychologie, et je crois même qu'on pourrait dire qu'elle n'est autre chose que la psychologie, ou l'étude intérieure de chaque individu.

Cette vérité une fois reconnue on ne pourra nier qu'une vaste carrière s'ouvre devant le poëte comique, et que s'il faut être doué, pour oser la parcourir, d'un grand talent d'observation, on attaquera les vices avec beaucoup plus d'avantage, et on produira sur l'âme des spectateurs des impressions bien plus profondes. Jusqu'à présent on a pensé que la comédie devait être toute en action ; et j'avoue qu'une intrigue heureuse et nouée avec art peut captiver l'attention, exciter le rire ou faire couler les pleurs, et intéresser un instant une foule turbulente, avide d'émotions et de plaisirs. Mais l'action doit-elle suffire ? parviendra-t-on avec elle à arracher les vices du fond du cœur, à faire connaître les hommes, et à les peindre avec énergie ? Non sans doute. Il est facile de remarquer que les caractères des pièces modernes sont esquissés à peine ; et cela parce qu'on ne veut pas étudier l'intérieur de l'homme, sonder les replis de sa conscience, exposer au grand jour ses sentimens et ses pensées, et qu'on pense qu'il suffit, pour composer une comédie, d'enchaîner une foule d'incidens bizarres. Mais tous ces incidens, quelque vrais qu'ils puissent être, sont-ils bien dans la nature ? peuvent-ils se succéder avec tant de rapidité dans l'espace de vingt-quatre heures ? N'est-il pas plus simple de penser qu'un seul incident fait naître une foule de sentimens et de pensées ? et en faisant connaître toutes ces agitations de l'âme, ne parviendrait-on pas à donner une connaissance plus exacte des hommes, et à rendre la comédie plus instructive ?

Mais, nous dira-t-on, comment exposer sur la scène les sentimens tumultueux d'une âme fortement agitée ? N'est-il pas impossible de les exprimer, lorsque celui qui les éprouve ne saurait se rendre compte à lui-même de tant d'émotions vagues et de pensées confuses ? Dans de pareils momens l'homme fait comprendre ce qui se passe en dedans de lui par des gestes expressifs, ou des paroles entrecoupées, et voilà aussi ce que doit faire la comédie. — Je ne nierai pas la vérité de cette observation, et je sais très-bien qu'un acteur habile, qui a étudié toutes les passions du cœur humain, et qui s'est bien mis à la place du personnage qu'il doit représenter, saura par un geste, un mot, un regard faire sentir de quelle manière il est affecté par un objet ou un incident, et soutenir jusqu'à la fin le caractère qu'il aura adopté : et observez encore que l'acteur aura ici tout le mérite, et qu'il sera bien rare d'en trouver un qui ait assez de pénétration pour saisir des nuances presque insensibles, ou pour suppléer en quelque sorte par son jeu à ce que l'auteur aura négligé. Mais enfin je veux qu'on soit assez heureux pour trouver cet homme de génie; le succès sera-t-il de longue durée ? Qu'on fasse imprimer la pièce, et qu'on la livre au public, tout changera de face en un instant. On aura beau observer que le personnage doit faire tel geste, que ce mot doit être prononcé d'une certaine façon; chaque lecteur le prononcera ou le sentira selon qu'il aura été affecté lui-même par l'événement; et alors plus de caractère prononcé, plus de but moral; comment en effet pourrait-on s'intéresser à des personnages qu'on ne connaît pas ?

Ceci m'explique pourquoi on traite aujourd'hui les pièces de théâtre avec tant de mépris ou de légèreté. On ne les lit pas pour apprendre à connaître les hommes; mais pour y

chercher des aventures de roman : et , comme le succès ne
dépend que d'une fable nouée avec plus ou moins de vrai-
semblance , l'intérêt finit avec la pièce , et ne laisse aucune
trace dans le cœur, puisqu'il ne saurait avoir avec nous
aucun rapport direct. Pour rendre une comédie instructive et
pour développer les caractères, il faudrait donc mettre pour
ainsi dire l'âme du personnage sur ses lèvres, exprimer
avec force tout ce qu'il éprouve , et ne pas oublier de le
faire parler toujours d'après les principes , les mœurs et la
position sociale qu'on veut lui donner. Il arrivera sans
doute, en suivant cette marche, que le dialogue n'aura pas
la même vivacité , parce que, comme nous l'avons observé
plus haut, là conscience de l'homme est très-active ; et que,
pour suivre tous ses mouvemens, toutes ses pensées, il
faudra sortir des bornes de la conversation ordinaire, qui
laisse à peine le temps à l'observateur le plus habile de saisir
quelques nuances d'un caractère prononcé. Mais les discours, quelque longs qu'ils soient , n'intéresseront-ils pas le
spectateur, s'ils sont vifs, impétueux ou profonds ? S'ils nous
font sentir quelle différence il y a entre les pensées secrètes
et le langage ordinaire de la société ; s'ils nous apprennent à
nous défier de ces amitiés perfides, de cette politesse recher-
chée, toujours démentie par le cœur; de ces hommes hypocrites
qui affectent une vertu sévère, et qui ne rêvent que des projets
ambitieux, de noires méchancetés ou des calomnies atroces?
Lisez les pièces de Molière, et relisez-les sans cesse. Cet
homme extraordinaire, qui a tout prévu , tout senti, et qui
avait si bien étudié les hommes, ne met-il pas de longs discours dans la bouche des personnages qu'il veut faire connaître ? Dans les deux fameuses scènes entre Tartuffe et El-
mire, si le faux dévot se contentait d'exprimer la brutalité
de ses désirs par des gestes énergiques, des regards obscè-
nes, et quelques paroles trop libres, croyez-vous qu'on aurait la même idée de ce caractère profondément pervers?
était-il bien facile de pénétrer au fond d'une âme aussi cor-

rompue pour lui en arracher tous ses secrets, de concevoir ce mélange de mysticité, de bassesse et d'indécence? aurait-on su qu'il était des accommodemens avec le ciel, qu'on pouvait allier la dévotion avec tous les crimes, et que ce n'était pas pécher enfin que de pécher en silence? Non sans doute; chaque spectateur aurait pu faire un Tartuffe à sa manière, expliquer ses gestes, interpréter ses pensées selon qu'il aurait eu une connaissance plus ou moins approfondie du cœur humain; et nous n'aurions pas ce modèle si terrible, si vrai, auquel on ne peut rien ajouter, et qui existera toujours pour l'éternel supplice des méchans.

Il est sans doute beaucoup plus facile de trouver une intrigue qne de bien tracer un caractère; et tout homme qui n'est pas entièrement dépourvu d'esprit, et qui a fréquenté le théâtre, pourra imaginer des scènes charmantes et des détails piquans, qui attireront la foule pendant quelques jours. Voilà pourquoi nous avons un aussi grand nombre de poëtes comiques, et si peu de bonnes pièces. A peine a -t-on trouvé un sujet qui parait heureux et fécond, qu'on se hâte de chercher une foule d'incidens sans s'occuper du caractère qu'on donnera à ses personnages; et pourvu qu'on obtienne après cela un certain nombre de représentations, que les comédiens soient contens des recettes, qu'on reçoive des éloges de ses amis, on se flatte d'avoir fait un bon ouvrage. Mais ne pourrait-on pas dire à des écrivains de cette espèce : — Insensés! pour qui travaillez-vous? Pour un public ignorant et dissipé, qui, après avoir ri le soir à la représentation de votre pièce, l'oubliera le lendemain pour n'y plus penser de sa vie. Quel est votre but, et à quoi serviront tous vos ouvrages? Vous ne savez distinguer dans la société que des grimaces ou des gestes; et certes tout le monde en voit autant ou aussi peu que vous : voilà pourquoi on ne rencontre de toutes parts que des fripons et des dupes. La comédie devrait cependant éclairer le suns en démasquant les autres; et pour cela, nous ne cesserons de le répéter, n'étudiez l'extérieur de l'homme que pour pénétrer au fond de sa con-science ; *lisez attentivement dans ses yeux, emparez-vous d'un mot ou d'un geste qui semblera annoncer une pensée secrète* ; et quand vous aurez trouvé un caractère bien pro-noncé, que vous serez sûr, d'après vos observations, de pou-voir exprimer tous les sentimens intérieurs du personnage que vous aurez choisi, alors travaillez ; vous pourrez vous promettre un succès durable ; ou si vous ne vous sentez pas capable de suivre cette marche, croyez-moi, renoncez au théâtre ; vous ne feriez jamais rien de bon. Eh quoi! les comédies ne sont-elles destinées qu'à paraître sur la scène pour amuser des gens oisifs et frivoles? ne font-elles pas partie de notre littérature, et ne doivent-elles pas être mé-ditées, comme tous les bons ouvrages, par les hommes qui viendront après nous? Est-il possible cependant de lire le plus grand nombre des pièces de notre répertoire? non-seu-lement l'homme sensé n'y trouve rien qui puisse l'instruire, mais ce dialogue entrecoupé, qui peut produire quelque ef-fet sur la scène quand il est débité par une jolie bouche ou par un acteur intelligent, ne rebute-t-il pas toujours à la lecture? ne paraît-il pas même quelquefois très-insignifiant quand le souvenir de l'illusion théâtrale s'est dissipé? Aussi les comédies se succèdent de nos jours avec une déplorable rapidité ; toutes sont représentées, aucune ne reste ; et cette partie si brillante, si féconde de notre littérature, que Mo-lière avait élevée à la hauteur de la philosophie, semble être frappée de stérilité depuis ce grand homme, et ne produit plus que des ouvrages relégués parmi cette foule de rapso-dies éphémères destinées à amuser le public pour être ou-bliées bientôt après.

Mais ici on pourrait nous opposer des objections assez importantes, auxquelles nous allons tâcher de répondre. On prétend aujourd'hui qu'il n'existe plus de caractère pro-noncé dans la société, parce qu'une éducation à peu près semblable efface ou affaiblit du moins toutes les différences

de la nature, et que d'ailleurs les hommes étant habitués à
se laisser entraîner par les événemens et à changer avec eux,
il est impossible de saisir, au milieu de ces caprices de l'inconstance, une manière d'être ou de penser particulière à chaque
individu. Ces réflexions peuvent être justes ; mais on leur a
donné une application trop étendue, et on s'est beaucoup
écarté de la vérité, parce qu'on n'a pas voulu se donner la
peine d'établir une distinction nécessaire, entre le citoyen ou
le membre d'un état, et l'homme proprement dit. Il est bien
certain que l'éducation, les lois, le climat d'un pays, donnent à ceux qui l'habitent des tempéramens, des goûts,
des usages publics à peu près semblables. Les Français sont
en général vifs, spirituels et malins ; les Anglais fiers, gra-
ves et raisonneurs ; et faut-il en conclure que cette ressemblance qui distingue les hommes d'une même nation, n'est
autre chose que le caractère propre à chaque individu? Non
sans doute. Nous appellerons cette ressemblance caractère
national, et ce nom est d'autant plus juste, que si nous exa-
minons ensuite l'homme personnel ou proprement dit, non-
seulement nous trouverons que les habitans d'un même
pays pourront agir et penser différemment, mais encore que
la différence de nation à nation disparaît devant le moi humain. Si vous offensez des Anglais ou des Français, ils seront tous également sensibles à l'outrage qu'ils auront reçu,
et chacun d'eux saura qu'on ne peut laver son honneur que
dans le sang de celui qui l'a souillé : mais les uns se préci-
piteront impétueusement sur leur adversaire, les autres
ne rougiront pas d'employer contre lui la ruse ou la trahison ; ceux-ci mépriseront l'offense et respecteront les lois,
ceux-là refuseront de se venger parce qu'ils craindront la
mort. Ainsi ils agiront chacun à leur manière ; et je prie le
lecteur de bien remarquer cette différence parce qu'elle nous
révèle l'existence particulière de l'homme proprement dit, et
sert à distinguer le caractère national du caractère personnel.

L'homme personnel vit dans un monde à part dont le moi

humain est le centre ; il n'appartient plus à un peuple, il ne
dépend plus des habitudes d'un pays, il n'est ni Français, ni
Espagnol, ni Anglais ; il est lui, et ne saurait être autre chose.
Dire qu'il n'a pas un caractère propre et qu'il dépend des
événemens, c'est détruire son existence ; car il n'est qu'autant qu'il a une volonté libre, et qu'il se distingue des autres êtres par une activité particulière qui peut s'exercer
sans un secours étranger. On a remarqué depuis long-temps
que les hommes faibles, qui se laissent facilement dominer
par les opinions des autres, ne vivent qu'à demi : et en effet
dès l'instant qu'ils ne font plus rien par eux-mêmes, leur
existence est tout entière dans celle des individus qui pensent et qui agissent pour eux Je n'ignore pas que les divers accidens de la vie peuvent donner une certaine im-
pulsion à la volonté : mais elle a une force de réaction qui
agit à son tour sur les événemens, selon les caractères propres des individus ; et observez que je ne mets pas même
les phénomènes inévitables à l'abri de cette puissance active de l'homme, non que nous puissions les changer par
rapport à eux, mais par rapport à nous. A la vue des merveilles de la création, l'homme sensible et sage éprouve
une vive impression de plaisir ; peu à peu son âme s'élève,
de douces larmes viennent mouiller ses yeux, il reconnaît
partout la main puissante de l'être infini qui veille sur cet
univers, et saisi, transporté, élevant ses mains vers le
ciel, il remercie le Dieu bienfaisant de lui avoir donné un
cœur sensible et bon, digne d'admirer ses merveilles, et de
le sentir dans tous ses ouvrages. L'athée ne voit au contraire
dans la nature qu'une combinaison fortuite d'atomes, qu'un
état continuel de destruction et de reproduction opéré par
deux forces égales, dont la lutte est nécessaire pour entretenir l'équilibre dans cet univers. Aussi son œil reste sec, son
âme indifférente, son cœur sans émotions, et au milieu de
l'horreur et du néant dont il s'environne, il ressemble à ces
oiseaux funestes qui ne font entendre que des cris lugubre

durant le silence des nuits... Tout dans la vie prend donc la couleur de notre imagination, et varie selon les caractères des hommes. L'avare, l'intrigant, l'hypocrite seront diversement affectés par le même événement, parce que leur volonté propre agira par elle-même et d'après leur manière particulière de voir et de sentir. Et on aura beau dire qu'il est bien difficile de saisir aujourd'hui cet état moral de l'homme; je répondrai qu'il a toujours existé et qu'il est imposssible qu'il n'existe pas toujours avec la même évidence; que tant qu'il restera deux êtres pensans sur la terre, chacun d'eux conservera un caractère propre, aussi facile à distinguer que leurs visages; que cette ressemblance enfin qu'on croit reconnaître n'est pas dans l'homme, mais seulement dans les formes et les habitudes ordinaires de la société. Ceux qui soutiennent qu'on ne peut plus distinguer des caractères prononcés ne font que répéter sans s'en douter cette vérité bien ancienne : rien ne ressemble plus à un honnête homme qu'un fripon ; et faut-il en conclure qu'ils ont les mêmes idées, les mêmes penchans, la même volonté ; ou bien que la société n'est plus composée que de gens vertueux ou de coquins? Certes je crois que personne n'oserait soutenir un aussi absurde système, et il le faut bien cependant si on ne veut pas reconnaître la différence des caractères ; car voilà à peu près à quoi se réduit l'état de la question.

Faut-il expliquer pourquoi on ne croit plus apercevoir aujourd'hui que des nuances, presque insensibles, dans les habitudes du cœur humain? C'est qu'à mesure qu'un peuple s'enfonce dans le vice, la civilisation lui apprend à faire usage d'une politesse raffinée et des manières les plus séduisantes, pour cacher, sous ces dehors trompeurs, la violence des désirs et la turpitude des passions réelles ; c'est que les hommes répandus dans le monde s'habituent à respecter les préjugés et à s'y soumettre, tant qu'ils ne blessent pas leur caractère particulier ; et comme la mode, l'esprit, et toutes les habitudes frivoles de la société, n'ont avec le moi humain qu'un rapport éloigné, et ne nous intéressent pas assez pour fixer long-temps notre attention, nous nous laissons entraîner avec les autres sans nous donner la peine de réfléchir. Il est bien certain que les hommes, envisagés sous ce point de vue, se ressemblent presque tous. Mais confondra-t-on toujours le masque avec le visage, les usages extérieurs avec le caractère particulier? dira-t-on qu'on connaît un individu quand on saura comment il marche, comment il s'habille? et les hommes ne sont-ils plus que petits-maîtres ou beaux parleurs? Certes, s'il en était ainsi, ils devraient inspirer bien peu de défiance; car ils seraient certainement aussi incapables de faire du mal que du bien. Cependant le désordre, les inimitiés, les trahisons, qui éclatent de toutes parts, annoncent que les cœurs distillent encore des poisons secrets, et que les plus terribles passions naissent et luttent entre elles pour le malheur du genre humain. Aussi est-il quelqu'un d'assez insensé pour aller se jeter à la tête du premier venu? Ne se défiera-t-il pas des apparences? Ne cherchera-t-il pas, avant de lui ouvrir son cœur, à lever le voile qui l'enveloppe pour étudier et connaître son caractère particulier? Il n'est personne qui ne sache que l'homme est toujours bien différent de ce qu'il paraît être; et je puis assurer que cette ressemblance qu'on nous oppose ne frappera que les esprits frivoles et légers, incapables de pénétrer au fond des cœurs, et de distinguer le mensonge de la vérité.

Dans la société les hommes sont gais, polis, ils écoutent avec bienveillance, et comme ils ne contrarient jamais ils paraissent être tous du même avis. Hors de la société on ne les connaît plus : la crainte, l'espérance, les noirs soucis, se peignent sur leurs visages; ils parlent peu, ils n'écoutent jamais, et, occupés à rêver des projets conformes à leurs désirs et à leurs caractères, ils repoussent avec violence tout ce qui contrarie leur ambition ou leur

volonté. Ils ont donc une existence particulière, toute
intérieure, indépendante des habitudes étrangères ; car
sans cela ils seraient toujours tels qu'ils se montrent dans
le monde, et ainsi on a tort de dire que leur physionomie
morale n'a rien de prononcé. Il serait plus juste d'observer
que les femmes paraissent offrir entre elles une ressemblance morale plus soutenue, et qu'il est plus difficile de
saisir les nuances fugitives de leur caractère particulier.
Et pourquoi cela ? c'est que chez elles le désir de plaire
étant la seule passion dominante, elles ne vivent que pour
ce monde, dont elles ont besoin, et qui peut seul entretenir
et flatter leur amour-propre par des regards, des éloges
ou des fadeurs. Aussi leurs têtes ne raisonnent ni ne calculent jamais, leur manière d'être ne dépend pas de leur
volonté, elles ne connaissent d'autre règle que l'impression
du moment, d'autre loi que le goût du jour, d'autre raison
que les caprices du public, et, légères, bizarres, incon-
stantes comme la mode, sans caractère comme sans pré-
voyance, elles s'abandonnent aux charmes d'une voluptueuse paresse ; heureuses, dans leur dépendance habituelle,
de voir les hommes s'occuper de leurs besoins et de leurs
plaisirs ; plus heureuses encore de pouvoir faire par leurs
caprices ou leur beauté le tourment de ceux dont elles
sont les esclaves. Si cependant on étudie celles qui se dis-
tinguent des autres femmes par la douceur du caractère,
la profondeur des sentimens, l'élévation des pensées, on
verra que si elles se soumettent quelquefois aux habitudes
du monde, ce n'est que par bienséance ; qu'elles préfèrent
la paix de la solitude, l'intérieur de leur ménage, le charme
des travaux utiles, aux dissipations frivoles d'une vie toute
extérieure, et que c'est en s'affranchissant des chaînes de la
société, en vivant par elles-mêmes, qu'elles ont conservé
l'indépendance de leur âme, et une manière d'être et de
penser qui leur est propre ; tandis que quelques petits-
maîtres, vains, ridicules, indolens, et vivant comme des

femmes, ne diffèrent d'elles que par leurs habits et leur nom.

Résumons-nous, car enfin je sens qu'il est temps de finir. Il faut distinguer, avons-nous dit, le caractère national du moi humain, et la vie extérieure à laquelle l'homme se soumet par bienséance ou par hypocrisie, de la vie intérieure qui donne à chaque individu une manière d'être, propre, distinctive, que rien ne saurait effacer. Ainsi les caractères ne manqueront jamais pour les comédies; et, quoique les hommes ne puissent avoir dans le monde qu'une physionomie à peu près semblable, j'ai eu raison de dire que cette ressemblance extérieure ne doit pas fixer sérieusement l'attention du véritable auteur comique, puisque dès l'instant que l'homme se replie tout entier dans son cœur, c'est là qu'il faut le poursuivre et l'attaquer avec énergie. Mais j'ai observé encore que pour sonder les replis de la conscience, ou pour saisir avec profondeur les nuances des caractères dominés par les mêmes passions, il fallait avoir plus que de l'esprit ; et malheureusement on ne connaît aujourd'hui que cela. Aussi tout paraît pour le mieux dans ce meilleur des mondes possibles : on rit, on chante, on fait de bonnes ou de mauvaises plaisanteries; et tandis qu'on n'a pas l'air de se douter qu'il existe des hommes dangereux et pervers, nous sommes volés, trahis, friponnés, mieux que jamais. Poëtes comiques ! convenez après cela que vos pièces de théâtre ne peuvent donner qu'une fort mauvaise opinion de votre talent, ou de votre vertu.

PERSONNAGES.

M. DE SENANGE.

Madame DE SENANGE.

CHARLES, fils des précédens.

Le comte DE FLORVILLE, préfet.

MARIGNAN.

DUBOIS, valet de chambre de M. De Senange.

Un Commissaire de police.

Deux Gendarmes.

La scène est à Paris, chez M. De Senange

LES INTRIGANS,

COMÉDIE.

ACTE PREMIER.

SCÈNE PREMIÈRE.

MADAME DE SENANGE, CHARLES, FLORVILLE.

CHARLES.

Le séjour de Paris est pour vous sans douceur,
Florville, en vérité? quelle est donc votre humeur?...
Vous blâmez notre goût, nos mœurs, notre langage,
Et tous ces airs légers qu'on admire à notre âge.
Les sentimens rêveurs qui charment nos loisirs
Sont pour vous des cœurs froids les stériles plaisirs.
Ah! vous n'avez jamais, durant une nuit sombre,
Entendu voltiger et soupirer une ombre;
Jamais, sur des débris repoussant l'avenir,
Vous n'avez évoqué quelque grand souvenir;
Ou, tristement assis aux pieds de votre amie,
Appelé vos amours le songe de la vie!....
Mais pourquoi riez-vous?

FLORVILLE.

        Je ris de vos tableaux;
Car où diable, Messieurs, trempez-vous vos pinceaux?

Et pourquoi voulez-vous, au milieu des nuages,
Après un bon repas mourir dans vos ouvrages?
Vous êtes, grâce au ciel, jeunes et vigoureux;
Et tandis que, d'un ton plaisamment langoureux,
Votre muse rêveuse, et toujours attendrie,
Déplore en se pâmant les peines de la vie,
Ou dans l'obscurité chante votre trépas,
Vous la laissez maigrir et ne l'imitez pas.

CHARLES.

Vous faites le plaisant... Quelle froideur! j'enrage!...

FLORVILLE.

Ah! Madame, voyez; votre fils n'est pas sage,
Et vous ne dites rien.....

MADAME DE SENANGE.

            Je n'en pense pas moins;
Vous me faites pitié. J'espérais que mes soins,
Et d'un monde charmant l'aimable politesse,
Pourraient de votre esprit adoucir la rudesse,
Je me trompais. Le ciel, en vous donnant le jour,
Vous a privé d'un cœur : jamais le tendre amour
Ne pourra de ses feux réchauffer votre vie;
Vous vivrez sans plaisirs et sans mélancolie,
Comme ces êtres froids, par le sort condamnés
A naître, pour mourir aussitôt qu'ils sont nés.

FLORVILLE.

Ce compliment est doux ; mais il faut nous entendre ;
Car, Madame, après tout, je ne puis vous comprendre.
Faut-il, par de vains mots, me laissant étourdir,
De sentimens en l'air sans cesse me nourrir,

Admirer des rimeurs le jargon incommode,
Et faire de mon cœur l'esclave de la mode?
Faut-il, à chaque objet qui change de couleur,
Ne pas me sentir d'aise, ou mourir de douleur;
Et, comme votre fils, m'emparer d'une lyre,
Pour chercher dans la lune un rayon qui m'inspire?
Dois-je, au milieu d'un cercle, inventant de bons mots,
Faire bâiller le sage, et sourire les sots?....
Si pour être charmant c'est là ce qu'il faut faire,
Je rougirais d'avoir le malheur de vous plaire.
Quoi! je pourrais choisir un vain déguisement!
Par des dehors plâtrés farder le sentiment!
Dans mes fades discours dédaigner la nature,
Et changer pour un rien de cœur et de figure!
Jamais, morbleu! jamais. J'aime la liberté,
Et voue un culte pur à la sincérité.
Qu'on m'appelle être froid, insensible, ou bizarre,
Peu m'importe; mon cœur, de sentimens avare,
N'ira point s'épuiser en stériles soupirs.
A celui qui sent bien il faut de vrais plaisirs.
La vertu l'intéresse, et le malheur le touche;
Jamais par des mots durs il ne ferme la bouche
A l'indigent qui souffre, à l'honnête homme en pleurs
Qui vient lui confier ses secrètes douleurs.
Il sait, bravant les traits d'un piquant badinage,
Venger l'humble vertu du faquin qui l'outrage,
Et, sans examiner la richesse ou le sang,
Honorer le mérite, et le mettre à son rang.
Voilà comment on doit abandonner son âme
Aux transports généreux du zèle qui l'enflamme.
Ah! croyez-moi, celui qui veut toujours sentir
Est un fat effronté qui ne sait que mentir.

Et qui, par un jargon dont le bon sens murmure,
S'efforce vainement d'imiter la nature.....
Mais dans tous ces propos à quoi bon s'engager?....
De votre jugement j'ai voulu me venger :
Excusez-moi , de grâce.

MADAME DE SENANGE.

             Ah! mon Dieu! je respire!....
Vous êtes amusant!.... Mais, s'il faut vous le dire,
Votre triste morale est un pauvre trésor ;
Je suis lasse déjà des mœurs de l'âge d'or.
La vertu, le mérite..... ah! fi! le vieux langage!
Il sent la bourgeoisie, et bientôt..... Mais je gage
Que vous me maudissez.... et je n'ai pas raison.....
N'importe : vos discours ne sont plus de saison ;
Ils donnent les vapeurs.

CHARLES.

           Pour moi j'ai la migraine.
Ah! que ne puis-je, au bord d'une claire fontaine,
Du zéphyr embaumé respirer la fraîcheur,
Venger le sentiment, et soulager mon cœur!...

FLORVILLE.

Peste! une âme sensible est une triste chose!

CHARLES.

Hélas!...

FLORVILLE.

      D'un beau roman vous prendrez une dose ;
Cela vous guérira. Mais daignez m'écouter,
Madame ; sur mon sort je dois vous consulter.
Mon père et votre époux, par un tendre hyménée.
De leurs enfans soumis fixant la destinée,

Ont voulu confier à notre amour pieux
D'une vieille amitié le dépôt précieux;
Vous le savez. Pourquoi ne suis-je pas encore,
Par un nœud solennel, l'époux d'Éléonore?
Dans ce séjour bruyant promenant mes ennuis,
Depuis un mois entier je souffre et je languis.
Mes devoirs me sont chers; j'ai consacré ma vie
A ce département que mon roi me confie;
Je sens qu'il faut partir.

MADAME DE SENANGE.

                    Vous êtes fou, je crois.
Partez, Monsieur, partez; je fais ce que je dois.
Si ma fille est charmante, une riche parure
Doit embellir encor les dons de la nature;
Et tout n'est pas fini.... Mais d'ailleurs, entre nous,
Êtes-vous amoureux?....

FLORVILLE.

                    Je serai bon époux.

MADAME DE SENANGE.

Oui! fort bien; vous parlez toujours du mariage;
Jamais de votre amour.

FLORVILLE.

                    N'est-ce donc pas l'usage?
Dans ce siècle poli, c'est un jeu que l'amour;
Pour séduire une belle on feint d'aimer un jour:
On lui jure, en grands mots, une vive tendresse;
Le lendemain arrive, on trahit sa promesse.
Mais pour se marier on procède autrement :
Avant d'aimer sa femme on compte son argent:
Elle est riche, il suffit; on conclut l'alliance.
Deux époux ont le temps de faire connaissance.

Le plus sûr est d'abord de connaître la dot :
Voilà l'avis du monde.

MADAME DE SENANGE.

          Et le monde est un sot.

FLORVILLE.

Quoi ! vous le récusez ? mais la chose est étrange !..

MADAME DE SENANGE.

Je me souviens toujours de l'amour de Senange.

FLORVILLE.

Senange était heureux, il vous voyait souvent ;
Moi, pour faire l'amour, je vais dans un couvent.
On ne doit porter là qu'une dévote flamme,
Et c'est au nom de Dieu qu'on y parle à sa femme.
Encore une bégueule, au sévère maintien,
Vient charitablement écouter l'entretien,
Et faire à chaque mot une sainte grimace.
Aussi mon cœur gêné reste toujours de glace,
Et j'exprime en mots froids mon pur et tendre amour.
Arrachez votre enfant de ce triste séjour,
Il en est temps.

MADAME DE SENANGE.

      Les mœurs ! les mœurs !

FLORVILLE.

                Vous voulez rire ;
Ce n'est qu'un préjugé, vous venez de le dire.

MADAME DE SENANGE.

Pour les femmes, d'accord.

FLORVILE.

          Je comprends votre mot.
Une fille a besoin d'un petit air dévot,

Et pour son intérêt elle doit être sage.
Mais en se mariant, d'un pénible esclavage
Elle rompt les liens, et peut en sûreté
De son nouvel état goûter la liberté.
Voilà votre secret, et la chose est aimable.
On croit prendre une femme ; on n'épouse qu'un diable,
Qui, depuis trop long-temps d'innocence nourri,
Se venge en tourmentant un honnête mari.

CHARLES, *qui pendant une partie de ce dialogue avait
été rêveur, s'écrie tout à coup :*

Salut, riant vallon ! Adieu, ma douce amie !
Je meurs...

FLORVILLE.

Qu'avez-vous donc ?

CHARLES.

Je fais une élégie.
Mais voici Marignan, dont le sensible cœur
Saura de mes accens partager la douleur...

SCÈNE II.

LES PRÉCÉDENS, MARIGNAN.

MARIGNAN.

Bonjour, mes bons amis ; que mon âme est émue !...
Je respire avec vous, et votre aimable vue
Réveille dans mon sein une douce chaleur.
Est-il rien de plus pur que les plaisirs du cœur ?
Ils embellissent tout... Loin d'un monde frivole
L'amitié me sourit, me charme ou me console ;
Elle adoucit d'un mot mes pénibles ennuis ;
Plus de plaisirs sans vous, et pour vous je les fuis.

Où trouverais-je ailleurs cet éclat sans parure,
Ces grâces, ces talens, faveurs que la nature,
Avare si souvent de ses dons les plus doux,
Semble avoir pris plaisir à prodiguer pour vous?
Dans nos salons je vois des femmes séduisantes ;
Les roses, les festons, les toilettes brillantes,
Tout en charmant les yeux relèvent leur beauté ;
Près d'elles je respire un air de volupté.
Mais je n'en trouve point que votre cœur n'efface :
Leurs propos si piquans sont des riens pleins de grâce ;
Elles parlent pour plaire, et sentent avec art ;
Qu'est-ce que leur esprit et leur fraîcheur... du fard.

MADAME DE SENANGE.

Oh ! vous avez raison ! j'en connais plus de mille
Qui pour tromper les yeux de la foule imbecille,
Et cacher avec soin le dedans de leurs cœurs,
Couvrent d'un beau vernis leurs indécentes mœurs.
La baronne veut feindre une vertu sévère :
Mais, malgré son long voile et son regard austère,
Son cœur n'est pas rempli de très-chastes désirs,
Et ce n'est pas au ciel que vont tous ses soupirs.
La jeune Dorival, pour paraître jolie,
Se donne tous les airs de la mélancolie ;
Avec son maintien simple et son regard touchant,
On voit bien qu'elle veut agacer quelque amant.
La marquise...

FLORVILLE.

Eh, Madame, épargnez vos victimes !
La vertu, la douceur sont-elles donc des crimes?
Et ne pourra-t-on plus, dans ce siècle pervers,
Des vices à la mode éviter les travers,

Sans essuyer les traits d'une critique amère?
Eh! pourquoi la vertu n'est-elle pas sincère?
Ne fait-on plus le bien que pour tromper les gens?
Celui qui sait braver les propos des méchans,
Dédaigner du public le ridicule empire,
Et rester sage enfin quoi qu'on en puisse dire,
Cet homme, j'en suis sûr, ne dément pas son cœur;
Quand on se sacrifie on n'est pas imposteur.
Mais on pourrait plutôt douter de la sagesse
De ces gens qui, brillant d'une fausse jeunesse,
Par des besoins trompeurs excitent leurs désirs,
Et consument leur vie au milieu des plaisirs.

MADAME DE SENANGE (riant).

Monsieur sent la province... Ah! ah! je vous admire.
Vous voulez empêcher les femmes de médire;
Mais ce serait trop fort, elles mourraient d'ennui.
D'ailleurs la médisance est permise aujourd'hui.
Devant son tribunal personne n'obtient grâce:
L'homme sans dignités médit de l'homme en place;
Le poëte étonné tombe-t-il en naissant,
Du public qui le siffle il médit en tombant;
L'avocat au barreau médit d'un adversaire,
Ou du juge ennuyé qui le force à se taire;
Le vieillard dameret, qui ne peut plus jouir,
Médit de la jeunesse et blâme le plaisir;
Le jeune homme médit d'une cruelle amante,
Et le malin docteur de la beauté souffrante.
Enfin la médisance offre mille portraits.
Des sots, des gens d'esprit elle esquisse les traits;
En variant toujours, jamais elle ne lasse:
On l'écoute, on s'amuse, on rit, et le temps passe.
Voilà tout...

MARIGNAN.

C'est très-vrai.

FLORVILLE.

       Votre zèle est touchant.
J'aime bien à vous voir prêcher le sentiment,
Pousser pour des fadeurs des soupirs lamentables ;
Tandis que sans pitié, sur des gens estimables,
Vous déversez le fiel qui ronge votre cœur,
Pour montrer de l'esprit et souiller leur honneur.

MADAME DE SENANGE.

Vous raisonnez, mon cher, comme un sage de Grèce.
Mais nos mœurs ont changé cette vieille sagesse.
Ce qu'on blâmait jadis est en vogue chez nous.
Voulez-vous être sage ?... Eh ! faites comme tous !

CHARLES.

Mais à nos lois monsieur ne veut pas se soumettre :
Comme un homme bien froid il est fier de paraître,
Et croit qu'on est charmant quand on a de l'humeur.
Croiriez-vous, Marignan, qu'il blâme avec aigreur
Des vers les plus vantés la touchante harmonie?
Ce sont pour lui des mots sans couleur et sans vie.
Cependant, la tristesse animant nos pinceaux,
Nous peignons le vallon, les fleurs et les ruisseaux ;
Ou, si nous déplorons le deuil de la nature,
Les champs sont attristés, et les bois sans verdure...

FLORVILLE (riant).

Ah ! ah !... vous m'amusez...

CHARLES (à Marignan).

       Il rit; qu'en pensez-vous ?

MARIGNAN.

Chaque homme a son humeur, son sentiment, ses goûts;

Et l'avis de monsieur pourrait être fort sage.
A ses talens d'ailleurs je sais qu'on rend hommage.
Hier au soir encor, dans un cercle brillant
Où se trouvaient des gens d'un mérite éclatant,
On vanta son esprit.

FLORVILLE.

Arrêtez, je vous prie ;
Vous me faites rougir. Voilà sans flatterie
Tout ce qu'on doit répondre à de pareils discours.
Pour vous, mes bons amis, qui me grondez toujours,
Croyez-moi, finissons d'inutiles disputes,
Et laissons aux rimeurs leurs succès et leurs chutes.
Mon cœur est occupé d'un intérêt plus doux ;
Madame, songez-y.... Mais voici votre époux.
(Se tournant vers Charles avec une emphase ironique.)
Je vais le supplier de fixer la journée
Qui doit conclure enfin un heureux hyménée.

SCÈNE III.

LES PRÉCÉDENS , M. DE SENANGE.

SENANGE (d'un air satisfait).
(A Marignan.)
Ah vous voilà ! c'est bien... J'ai lu dans un journal
Un article assez long.

MARIGNAN.

On dit qu'il n'est pas mal.

SENANGE (d'un air dédaigneux).

Vous plaisantez , je crois.

MARIGNAN.

Non , non! la politique

En est froide et commune.

SENANGE (indigné).

O la sotte critique !
Le morceau me plaît fort... Savez-vous qui l'a fait?

MARIGNAN (étonné).

Mais... non.

SENANGE.

C'est moi, Monsieur.

MARIGNAN.

Ah ! voilà ce que c'est !
Je ne suis plus surpris de mon erreur grossière :
Vous êtes si profond, qu'un esprit ordinaire
En lisant vos écrits doit réfléchir long-temps,
Et je n'ai pas assez...

SENANGE.

Fort bien, je vous entends.
Mais les petits messieurs qui pensent nous confondre
Seront bien étonnés... Que pourront-ils répondre ?

MARIGNAN.

Ces gens-là sont-ils faits pour lutter avec vous?

SENANGE.

Oh ! j'en doute !

MARIGNAN.

Ils seront écrasés sous vos coups.
Quel triomphe éclatant !

SENANGE.

Ah ! j'en jouis d'avance !
Qui sert bien son pays trouve sa récompense.

FLORVILLE (impatienté).

Monsieur...

SENANGE.

Oui, vous allez blâmer ce que je dis ;
Nous ne pouvons jamais être du même avis.
Vous n'avez pas raison...

FLORVILLE.

Mais...

SENANGE.

Que voulez-vous dire ?
J'ai tort, n'est-il pas vrai, de parler et d'écrire ?
D'un citoyen, Monsieur, je connais le devoir.

FLORVILLE.

Écoutez-moi, de grâce, et vous allez bien voir...

SENANGE.

Non, je n'écoute rien ; aimez votre patrie ;
Et nous verrons après.

FLORVILLE.

O l'étrange folie !
De votre noble ardeur quel doit être le fruit ?
Êtes-vous de ces gens qui ne font que du bruit,
Et qui, prônant partout leur courage et leur zèle,
Au plus petit danger ne battent que d'une aile ?
Leur génie est fécond, et leurs petits cerveaux
Enfantent tous les jours quelques projets nouveaux.
Tandis que le malheur traîne autour d'eux sa chaîne,
Assis paisiblement sans soucis et sans gêne,
Ils rêvent à loisir, et pensent qu'à leurs voix
Les états vont changer de maîtres et de lois :
Ce sont des êtres bas, rampans, sans énergie,
Prêts à sacrifier l'honneur et la patrie
Pour briguer la puissance ou pour la caresser.
Parmi ces gens, Monsieur, voulez-vous vous placer ?

L'honnête homme jamais pour un honneur frivole
D'un parti turbulent n'encensera l'idole ,
Et , de nos passions flattant la vanité,
N'ira pas lâchement trahir la vérité ;
Mais juste , courageux, et dédaignant la feinte ,
Il combat les abus, et se montre sans crainte
Quand il ose attaquer un injuste pouvoir.
On ne se cache pas pour faire son devoir ;
Oui , c'est là mon avis...

SENANGE (d'un air railleur).

Vraiment je le respecte.
Mais d'un préfet , Monsieur, la morale est suspecte.

FLORVILLE.

Je ne le sais que trop. Des hommes sans vertus
Flétrissent les honneurs dont ils sont revêtus ;
Et , pour son intérêt dédaignant la justice ,
Un préfet n'est jamais qu'un agent de police.
Aussi je méprisais ce périlleux emploi.
Mon père a seul , Monsieur, sollicité pour moi ;
Et de sa vanité son fils est la victime.
Mais je saurai du moins, pour mériter l'estime ,
Conserver dans mon âme une noble fierté ,
Et défendre le peuple avec sa liberté.
Je ne me sens pas fait pour servir l'arbitraire ;
Et je ne saurais pas , esclave mercenaire ,
Seconder lâchement d'ambitieux projets ,
Proclamer des horreurs sous le nom de *décrets* ,
Et , répandant partout une terreur sinistre ,
Dénoncer et punir pour flatter un ministre.

SENANGE.

Comment! que dites-vous !... Quelle témérité !...
Quoi ! vous pourriez ainsi braver l'autorité !

Avec ces sentimens vous perdrez votre place.

FLORVILLE.

Eh bien , je serai fier, Monsieur, de ma disgrâce,
(En souriant.)
Et le public saura du moins par ce moyen
Que je suis honnête homme et fort bon citoyen.
Mais adieu... je vous laisse. Un ami doit m'attendre.
Peut-être à mon retour voudrez-vous bien m'entendre;
Car enfin mon hymen à votre ordre est soumis ,
Et j'en aurais parlé , si vous l'aviez permis.

SCÈNE IV.

M. DE SENANGE, MADAME DE SENANGE, CHARLES, MARIGNAN.

MADAME DE SENANGE.

O l'ennuyeux mortel avec sa rhétorique!...

SENANGE.

Cet homme est dangereux... Ciel! quelle politique!...
Ose-t-il avouer de pareils sentimens?...

MARIGNAN.

Et ses propos encor sont très-impertinens.

SENANGE.

Oui! c'est vrai. N'a-t-il pas l'audace de me dire
Que j'ai de la chaleur et du zèle pour rire ,
Et que je ne fais rien, morbleu! pour mon pays?
Plût au ciel , n'est-ce pas, qu'on suivît mes avis !
L'État serait bientôt plus riche et plus tranquille.
Quoi! d'un bon citoyen je n'aurais que le style

D'après ce fat , qui croit être un homme de bien !
Il est placé pourtant, et moi je ne suis rien.
Le brillant des honneurs n'est pas ce qui me tente ;
Et j'ai tout bonnement cent mille écus de rente ,
Que je dois aux vertus de mes nobles aïeux.
Pourrait-on m'accuser d'être un ambitieux ?
Quelle horreur !....

CHARLES.

         Voyez donc jusqu'où va son audace ;
Il ose s'ériger en maître du Parnasse ,
Et censurer des vers qu'on admire partout.
Il voudrait ranimer, en héros du vieux goût ,
De nos auteurs poudreux la muse flegmatique,
Et briser dans nos mains le pinceau romantique.
Il fait pitié, vraiment.

MADAME DE SENANGE.

         On se moque de lui ;
Sa plate probité porte en tous lieux l'ennui ;
Et déjà comme un fou dans le monde on le nomme.

MARIGNAN.

Et vous pourriez donner votre fille à cet homme ?

MADAME DE SENANGE.

Je n'y puis consentir. Il est froid , sans amour ;
Il la surveillerait comme un Turc nuit et jour ;
De tous ses préjugés elle serait victime,
Et d'un léger plaisir il lui ferait un crime.
Mon enfant souffrirait.

MARIGNAN (avec affectation).

         Ah ! je connais un cœur
Pur, tendre , généreux , qui ferait son bonheur !....

Il n'a que de l'amour, à quoi peut-il prétendre?

MADAME DE SENANGE.

A tout; vous m'êtes cher, et je crois vous entendre....
Je songeais à cela.

MARIGNAN.

Que cet espoir est doux!....
(à Senange.)
Mais vous êtes rêveur; à quoi donc pensez-vous?

SENANGE.

Je ne sais; mais ce fat a l'art de me déplaire.
Il faut m'en délivrer.... Comment pourrai-je faire?
Son père est honnête homme, il est de mes amis;
Cet hymen le charmait, et je l'avais promis.
Florville attend ici l'instant du mariage.
Je crains.....

MARIGNAN.

Que craignez-vous? rompez votre esclavage;
Soyez père avant tout. Vos enfans vous sont chers;
Ne vous préparez pas des repentirs amers
En donnant votre fille à cet homme bizarre.
L'amitié ne veut pas que vous soyez barbare;
Et Madame après tout, dont je connais le cœur,
Ne pourra de sa fille approuver le malheur.....
(Avec un air fourbe et mystérieux.)
Il est temps de parler; votre intérêt m'inspire,
Florville est dangereux, et je sais qu'il conspire.....

SENANGE (avec violence).

Comment!... et le perfide ose loger chez moi!...
Ah! son dernier discours m'avait rempli d'effroi!....
Je craignais un malheur.....

MADAME DE SENANGE.

        Je tremble d'épouvante !....

CHARLES.

Celui qui ne sent rien n'a qu'une âme méchante.
Ah ! Dieu !....

SENANGE.

      Qui vous a fait découvrir ses secrets ?

MARIGNAN.

L'amitié qui m'attache à tous vos intérêts :
Et vous connaissez trop mon zèle et ma droiture,
Pour soupçonner mon cœur d'une noire imposture.

SENANGE.

Ah ! pourrais-je outrager un ami généreux !

MARIGNAN (avec impudence).

Florville est, vous savez, défiant, ombrageux ;
Son aspect me frappa. Quand je crus le connaître,
J'osai le soupçonner sans rien faire paraître.
Dans la crainte où j'étais, je pus braver pour vous
D'un rôle flétrissant la honte et les dégoûts.
Je l'observai ; je mis des gens à sa poursuite ;
L'amitié la plus tendre épurait ma conduite ;
Elle seule pouvait m'empêcher de rougir.
Je m'exposais sans doute..... avec quel doux plaisir
J'aurais sacrifié mon honneur et moi-même,
Pour épargner des maux aux personnes que j'aime !

CHARLES.

Quel sentiment !....

MADAME DE SENANGE.

      Quelle âme !

SENANGE.

Et vous l'avez surpris ?....

MARIGNAN.

Mon zèle eut du succès. Bientôt je découvris
De ses lâches projets la malheureuse trame :
Voilà ce que j'ai fait.

SENANGE.

Ah ! mon cher !.... O l'infâme !...
Me trahir !... Quel serpent je pressais sur mon sein !..

MARIGNAN.

La police, je crois, soupçonne son dessein ;
Ne le voyez donc plus. Je crains que l'apparence
S'élève contre vous.

SENANGE (avec effroi).

O ciel ! de ma prudence
Est-ce donc là le fruit ! et verrai-je toujours
D'un repos qui m'est cher interrompre le cours !....
S'il faut pour mon pays que je me sacrifie ,
Je suis prêt : mais troubler le calme de ma vie ,
Compromettre mon nom , entrer dans un complot ,
M'exposer à languir dans un affreux cachot ,
Je ne le ferais pas pour la meilleure cause....
Voilà pourtant à quoi cet infâme m'expose !
Et chez moi, comme ami, j'ai pu le recevoir !....
En le voyant courir du matin jusqu'au soir
J'aurais dû soupçonner quelque odieux mystère....
Allons ! oui, c'en est fait, je ne puis plus me taire.
Pour éloigner de nous un funeste soupçon,
Le traître dans l'instant va quitter ma maison.
Il pourra conspirer après sans se contraindre ;
Peu m'importe, morbleu ! je n'aurai rien à craindre.

MARIGNAN.

Votre projet est sage , et je l'approuve fort.
Abandonnez Florville à son malheureux sort.
Mais je dois exiger de vous une promesse ;
L'affaire est délicate , et veut de la sagesse ;
Feignez d'ignorer tout.

SENANGE.

Oui ! je serai discret.

MARIGNAN.

Ne parlez pas de moi.

UN LAQUAIS (annonçant).

Le déjeuner est prêt.

MADAME DE SENANGE.

Venez-vous avec nous ?.... là , sans cérémonie...
Nous en serons charmés.

MARIGNAN.

Non, je vous remercie.
Auprès de mes amis je n'ai que du plaisir ;
Mais on m'attend ailleurs.... j'espère revenir
Pour vous féliciter de votre délivrance.

SENANGE.

Fort bien.

MADAME DE SENANGE (d'un air d'intelligence).

Jusqu'au revoir....

SCÈNE V.

MARIGNAN , seul.

O ! la belle espérance !

La dame et son époux secondent mes complots.
Je les trompe, il est vrai, mais je trompe des sots.
Et que serait l'esprit? un bien faible avantage
Si pour son intérêt on n'en faisait usage.
Les bonnes gens sont nés ou pour nous divertir,
Ou pour être dupés quand on peut s'en servir.
D'ailleurs celui qui veut poursuivre sa carrière
Doit laisser, sans rougir, les vertus en arrière ;
On meurt toujours de faim en suivant leurs leçons,
Et les mots sans effet ne sont que des chansons.
Il faut nous en moquer. Florville est philosophe ;
Il a pour chaque vice une rude apostrophe ;
Eh bien! c'est une dupe, et qui saura demain
Qu'un honnête homme ici ne fait pas son chemin.
Il attend une dot; il faudra qu'il s'en passe ;
Et je le renverrai sans épouse et sans place.
Tout cela lui sied mal, et j'en fais mon profit.
On le chasse d'ici, grâce à tout mon crédit ;
Et déjà, par Dubois, j'ai fait avec mystère
Porter à la police une lettre..... Que faire
Contre tous les soupçons dont je vais le noircir?
Ah! monsieur le préfet, vous pourrez discourir!..
Et le duc, qui pour moi cherche une place honnête,
N'aura qu'à demander ; la place sera prête.

FIN DU PREMIER ACTE.

ACTE SECOND.

SCÈNE PREMIÈRE.

DUBOIS , seul.

(En regardant sa montre).

Onze heures ! grâce au ciel me voilà de retour.
Je n'ai pu respirer qu'en entrant dans la cour ;
Ce n'est pas étonnant, je viens de la police !
Les gens y sont bourrus, et, soit dit sans malice,
Leurs regards de travers ne m'ont pas fait plaisir.
L'écrit que j'ai porté semblait les réjouir.
Mais leur gaîté, ma foi ! n'est pas comme la nôtre ;
Elle m'épouvantait : et pourtant, comme un autre,
J'aime à rire, morbleu ! quand on rit de bon cœur.
D'où vient que ces gens-là m'ont fait trembler de peur ?
Je n'osais respirer, et qu'aurais-je pu dire
Si monsieur Marignan n'avait pas su m'instruire ?....
Ils m'ont si bien sondé..... Je ne sais ce que c'est,
Ils prennent à Florville un bien vif intérêt....
Trame-t-on contre lui quelque méchante affaire ?
N'importe : Marignan exige du mystère ;
Je ne parlerai pas, je veux qu'il soit content ;
Car j'aime ce jeune homme ; il est, ma foi ! charmant !..
Toujours avec respect il parle de mon maître ;
Et comme il est joyeux quand il me voit paraître !...
Je ne suis, il est vrai, qu'un pauvre serviteur :
Il m'estime pourtant, me parle avec douceur,
Et son cœur avec moi s'ouvre sans défiance.
Avec monsieur Florville, ah ! quelle différence !

Celui-là ne dit rien ; il est rêveur, distrait ,
Ou parle pour blâmer ce qu'on dit, ce qu'on fait :
C'est un drôle de corps , je ne puis le comprendre,
Et Monsieur se choisit un bien singulier gendre.
Marignan vaudrait mieux ; il a beaucoup d'esprit ,
Il approuve toujours ce que chacun lui dit.....
Mais mon maitre paraît....

SCÈNE II.

M. DE SENANGE , DUBOIS.

SENANGE (d'un ton brusque).

Tu n'as pas vu Florville ?

Réponds.

DUBOIS.

Qui ? moi, Monsieur ?...

SENANGE.

Eh ! qui donc ? imbécille !...

DUBOIS.

Pourquoi vous fâchez vous ? quelle mauvaise humeur !..
Vous me traitez fort mal....

SENANGE.

Tu fais le raisonneur ?

Laisse-moi.

DUBOIS.

Qu'avez-vous ? expliquez-moi de grâce...

SENANGE.

Vous tairez-vous, Dubois, ou je cède la place....

DUBOIS.

C'est à moi de sortir.

(Il fait quelques pas vers la porte, et s'arrête en regardant son maître.)

SENANGE (se croyant seul).

Que je suis inquiet !
Mon cœur est tourmenté par ce fatal secret ;
Florville ne vient pas....

DUBOIS (annonçant).

Madame et monsieur Charle.

SENANGE (à Dubois).

Vous êtes toujours là....

DUBOIS (à part).

Il s'agite et se parle....
Qu'est-il donc arrivé ? Monsieur paraît souffrir....
Je pars....

(Il sort.)

SCÈNE III.

M. DE SENANGE, MADAME DE SENANGE, CHARLES.

MADAME DE SENANGE.

Nous vous cherchions pour vous entretenir.
Je suis mère, je veux le bonheur de ma fille ;
Et pour ôter enfin tout espoir à Florville,
Il faut, sans plus tarder, choisir un autre époux.
N'est-ce pas ?

SENANGE.

Eh ! Madame ! à quoi donc pensez-vous ?
J'ai bien en ce moment d'autres choses en tête ;
Nous sommes compromis, et vous parlez de fête !....

Ma fille est en lieu sûr, sans amans, sans soucis,
Elle peut y rester.

CHARLES.

Voilà ce que je dis.
Pour un monde bruyant ma sœur est-elle faite ?
Laissez-la reposer au sein de la retraite.
Le monde peut charmer ; mais ses dehors trompeurs
N'offrent que des plaisirs, et cachent des douleurs.
Que faisons-nous ici ?.. Malheureux que nous sommes,
Nous errons tristement comme de vains fantômes.
Mais elle, qui connaît un bonheur plus certain ,
Se lève tous les jours avec un front serein ,
Porte au pied des autels sa touchante prière,
Et marche à la clarté d'une sainte lumière.
Tout respire la paix dans son heureux séjour ;
Elle ne connaît pas les tourmens de l'amour :
Et pourquoi voulez-vous, par un rude esclavage,
L'asservir aux soucis, aux peines du ménage,
L'exposer aux leçons de mille séducteurs,
Et livrer sa jeunesse à de folles erreurs ?
Ah ! que plutôt, du ciel invoquant la justice,
Elle se voue à Dieu par un pur sacrifice !....
En faisant de tels vœux je songe à son bonheur.

SENANGE.

Ces nobles sentimens sont dignes de ton cœur...
Oui... mais que dirait-on si je laissais ma fille
S'exiler sans retour du sein de sa famille ,
Renoncer aux plaisirs par des vœux imprudens,
Et s'enterrer vivante à la fleur de ses ans ?
On croirait que j'immole une triste victime ;
Tu verrais le public me reprocher un crime.

Et, de ma fille même inventant le malheur,
De la pitié pour elle emprunter la couleur.
On la plaindrait ; et moi je serais un barbare.
Le monde en ses propos est injuste et bizarre ;
Il exagère tout, et n'examinant rien,
Vante souvent le mal , et condamne le bien.
Il faut le ménager. Je veux mettre ma vie
A l'abri des discours et de la calomnie.
Un mot, un ridicule expose notre honneur ;
On vous montre du doigt, on rit avec aigreur,
Vous êtes le jouet d'un malin persiflage :
C'est faire dans le monde un triste personnage...
Aussi j'aime ma fille, et lui veux un époux
Pour empêcher les gens de mal parler de nous.

MADAME DE SENANGE.

Eh ! pourquoi donc, Monsieur, me faites-vous un crime
De nommer cet époux, digne de votre estime,
Que j'ai choisi moi-même, et qui vous fait honneur ?
Il a beaucoup d'esprit, et surtout un bon cœur :
Enfin c'est Marignan qu'ici je vous propose.

SENANGE.

Toutes ses qualités sont pour moi peu de chose.
Ce jeune homme, Madame, est sans place et sans bien ,
Et je n'accepte pas un gendre qui n'a rien.

MADAME DE SENANGE.

Ah ! vous me faites mal ! je vous croyais plus sage.
Pouvez-vous de sang-froid me tenir le langage
De ces êtres privés de sensibilité ,
Qui dans un coffre fort trouvent leur volupté ?
Voulez-vous en esclave adorer la fortune ?
Laissez aux pauvres gens cette chaîne importune,

Et songez qu'un peu d'or ne fait pas le bonheur.
Les charmes de l'amour, les sentimens du cœur,
Peuvent seuls de l'hymen embellir l'esclavage.
Marignan sait aimer, il est sensible et sage ;
Et ma fille avec lui verra tous les plaisirs
Enchanter sa jeunesse, et combler ses désirs.
Ne serez-vous pas fier d'enrichir un tel gendre ?
Voyons, que dites-vous ?

SENANGE.

          Qu'il faut à vous entendre
Faire le généreux, et passer pour un sot.
Je puis être exigeant quand je paie une dot ;
Et mon gendre devra, sans compter sa personne,
Offrir en bon contrat autant que je lui donne.
Voilà ce que je veux. Aujourd'hui les parens
Calculent avec l'or le bonheur des enfans.
L'opinion commande, et l'homme est son esclave :
Chacun rit aux dépens de celui qui la brave...
Et vous ne voulez pas qu'on se moque de nous ?

MADAME DE SENANGE (avec dépit).

Je vous conseille aussi de choisir pour époux
Un vieux garçon, fort riche, et d'une humeur commode ;
Et ma fille sera tout à fait à la mode.

SENANGE.

Eh ! mon Dieu ! la fortune est de toute saison.
Cloris aime un jeune homme, elle épouse un grison,
Car c'est son intérêt... Vous savez que les belles
Aiment à se parer de riches bagatelles :
Et qu'importe après tout que le mari soit vieux,
Pourvu qu'avec sa bourse on enchante les yeux

Par l'éclat séduisant d'une belle parure?

MADAME DE SENANGE.

Vous me contrariez... et c'est malice pure...
Je sens des maux de nerfs... Ah Dieu! quelle douleur!

(Elle se laisse tomber sur un siége.)

CHARLES.

Puisque vous destinez un époux à ma sœur,
Mon père, Marignan n'attend du mariage,
Comme il le dit souvent, qu'un très-faible avantage,
Une modeste dot ; et puis il fait des vers,
Écrit dans les journaux...

SENANGE.

                Oui, ces talens divers
Pourront le rendre un jour utile à sa patrie.
Les journaux d'un État sont la force et la vie ;
J'aime qu'il s'en occupe. Il raisonne sur tout
Avec délicatesse, et décide avec goût.
Qu'il parvienne aux honneurs... Mais j'aperçois Florville.

(Il regarde avec émotion du côté de la porte.)

MADAME DE SENANGE.

O ciel!... Nous vous quittons!

(Charles et sa mère sortent.)

SCÈNE IV.

M. DE SENANGE , LE COMTE DE FLORVILLE.

SENANGE.
(A part.)
            Je ne suis pas tranquille.
Quel air fourbe et méchant!.. Hâtons-nous de parler...
La présence d'un traître ici me fait trembler...

(Haut.)

On pourrait bien nous voir ! Monsieur, je vous salue...

FLORVILLE.

Ah ! je vous trouve seul !... Qu'avez-vous donc ?... ma vue
Semble vous agiter.

SENANGE.

Non ; je ne suis pas bien.

FLORVILLE.

Tant pis.

SENANGE (à part).

Et je redoute un fâcheux entretien.

FLORVILLE.

Je voulais vous parler ; mais pourrez-vous m'entendre ?

SENANGE.

J'ai quelque chose aussi, Monsieur, à vous apprendre :
Soyez bref, épargnons d'inutiles propos...
Voyons, que voulez-vous ?

FLORVILLE.

Je m'explique en deux mots.
L'hymen qui par vos soins doit embellir ma vie...

SENANGE.

Vous m'avez prévenu.

FLORVILLE.

Parlez donc, je vous prie.
Je suis impatient ; allez-vous m'annoncer
Le jour qui doit m'unir...

SENANGE.

Il faut y renoncer.

FLORVILLE.

J'admire en plaisantant votre froide assurance.
Voulez-vous donc encore éprouver ma constance,
Et comme un Céladon, sans espoir de retour,
Me faire en plats soupirs exhaler mon amour?
A quoi sert ce beau feu quand on prend une femme?
Ces fades sentimens n'entrent point dans mon âme;
Laissez là vos détours. Vous connaissez mon cœur;
Votre fille avec moi trouvera le bonheur :
Je l'aime, sans parler de transports à toute heure.
Eh bien ! l'amour s'éteint, et l'amitié demeure ;
Nous goûterons ses fruits, et ses plaisirs constans
En réchauffant nos cœurs charmeront nos vieux ans.
Cette image déjà m'attendrit et m'enchante :
Je vais renaître auprès d'une épouse charmante ;
Mes jours seront sereins ; un sourire, un regard
Chasseront mes soucis... Allons, plus de retard...

SENANGE (sèchement).

Vous parlez beaucoup trop sans vouloir me comprendre.
Je vous l'ai dit, jamais vous ne serez mon gendre :
Ainsi dans vos projets cessez de persister.

FLORVILLE.

Cet arrêt est cruel, je voulais en douter.
Mon père en souffrira.... Vous avez le courage
De déchirer son cœur par un sanglant outrage.
Il vous aimait pourtant ; et pourquoi, sans pitié,
Profanez-vous les nœuds d'une vieille amitié?
Que ne me laissiez-vous au sein de ma famille.
Avais-je fait pour moi demander votre fille?
A remplir mes devoirs je bornais tous mes vœux ;
J'étais loin de songer à contracter des nœuds...

C'est vous qui, le premier, trompant ma confiance,
Vîntes flatter mon cœur d'une douce espérance.
Je consentis à tout. Mon père avec transport
Du fils de votre ami vous confia le sort.
Je partis ; votre accueil eut l'air de la franchise ;
Je trouvai votre fille à vos ordres soumise,
Elle me plut ; l'amour s'unissant au devoir,
Bientôt je ne pus plus me passer de la voir :
Et lorsque, par l'attrait d'un charme involontaire,
Elle a rendu, pour moi, notre hymen nécessaire,
Quand je crois être heureux, vous venez m'annoncer
Que l'hymen est rompu, qu'il faut y renoncer !.....
Je ne puis expliquer ce changement bizarre,
Et si vous persistez vous êtes un barbare.

SENANGE.

Modérez vos propos, et respectez mes droits.
Je suis père, et je fais, Monsieur, ce que je dois.
Il est vrai que mon âme un instant abusée
D'une douce union caressa la pensée ;
Je vous offris ma fille, et je crus voir en vous,
Dans le fils d'un ami, mon fils et son époux.
Si je me suis trompé je fus toujours sincère ;
Je reviens aujourd'hui d'une erreur aussi chère :
Ainsi vous êtes libre, et vous pouvez partir.
Ou si d'autres motifs doivent vous retenir,
Restez, Monsieur ; cela ne m'intéresse guère.
Mais, comme après l'aveu que je viens de vous faire,
Il est décent, je crois, de ne plus nous revoir,
Vous saurez sans tarder remplir votre devoir ;
J'ai fait le mien ; cherchez ailleurs une retraite.

FLORVILLE.

Pour renvoyer les gens la tournure est honnête !....

5

Un pareil procédé m'indigne et me confond.
Pourquoi m'accablez-vous par ce dernier affront?

SENANGE.

Il n'existe entre nous aucune sympathie ;
C'est un malheur, Monsieur.....

FLORVILLE (avec amertume).

                Non, je n'ai nulle envie
De ressembler aux gens qui, sous un masque heureux,
Paraissent bons, tandis qu'on ne trouve chez eux
Que des cœurs ennemis les perfides caresses.
L'amitié, de sang-froid, trahit donc ses promesses ?
Après cela , morbleu! comptez sur vos amis!....
Et sans me plaindre encor je me serais soumis,
Si par quelques raisons colorant votre outrage,
Vous aviez du mépris adouci le langage.
Mais mon humeur vous lasse, et je ne sais pourquoi.
Dans ma conduite au moins je suis de bonne foi.
Je m'emporte, il est vrai ; puis-je rester tranquille
Quand j'entends des propos qui m'échauffent la bile?
La mode me fatigue ; et, comme un tas de fous,
Je ne puis adopter et le style, et les goûts,
Dont il faut se farder pour briller et pour plaire.
Je me montre sans art, voilà mon caractère.
Eh bien! est-ce un défaut de rester tel qu'on est,
De blâmer sans détour tout ce qui nous déplait?....
J'aime la vérité, j'ai le droit de la dire.
Aurai-je quelquefois, par un trait de satire ,
Blessé votre amour-propre et frondé vos avis?...
Cela se peut. Doit-on employer entre amis

Le froid jargon du monde et de la flatterie ?....

SENANGE.

Laissons là ces discours , Monsieur, je vous en prie.
Tout vous paraît mauvais et blâmable : c'est bien;
Vous avez votre avis , je puis avoir le mien;
C'est le droit d'un chacun... Et , sans que je me pique
Des conseils orgueilleux d'un sévère critique,
Je vous dirai, Monsieur, que ces gens à grands mots,
Affectant la vertu, blâmant à tout propos,
Et ne trouvant partout que vice et que scandale,
Devraient garder pour eux leur touchante morale.
Sous ces dehors trompeurs qui les rendent si vains,
Ils ne cachent souvent que de mauvais desseins ;
Censeurs audacieux d'un léger ridicule,
Ils trament en secret , font le mal sans scrupule,
Et, l'amitié pour eux n'étant pas un lien,
Ils compromettent ceux qui leur voulaient du bien.

FLORVILLE.

Est-ce encore une insulte?.. ou que voulez-vous dire?..

SENANGE.

Je viens de m'expliquer ; adieu, je me retire,
Et songez , s'il vous plaît, à quitter ma maison.

(Il sort.)

SCÈNE V.

FLORVILLE , seul.

Ce flegme, ces discours , tout confond ma raison.
Moi je le compromets !... Et quel est donc mon crime?
D'un odieux soupçon serais-je la victime ?

Peut-être Marignan, jaloux de mon bonheur,
Aura-t-il contre moi tramé quelque noirceur?....
Cet homme, que je crains, porte sur sa figure
D'un cœur faux et méchant le dangereux augure :
Et puis il sait ici ménager son crédit ;
Il flatte tout le monde, et chacun l'applaudit ;
On le consulte, on l'aime, et son maintien servile
Rend plus choquant encor mon langage indocile.
Aussi c'est moi qu'on chasse ; et le flatteur adroit,
Craignant qu'un autre ici lui ravisse son droit,
Aura bien pu d'un conte inventer l'artifice....
Peut-être de Sénange est-ce un léger caprice....
Avec lui j'étais franc, pour paraître indiscret....
Voici son fils, tâchons d'éclaircir ce secret.

SCÈNE VI.

FLORVILLE, CHARLES.

CHARLES. (Il rêve en paraissant sur la scène.)

Haine aux conspirateurs!... leurs complots....

FLORVILLE (l'interrompant).

Ah! de grâce!
Veuillez donc m'expliquer, mon cher, ce qui se passe.

CHARLES (avec emphase).

Quoi! vous voilà!.... je sens qu'une nouvelle ardeur
Ranime à votre aspect et ma verve et mon cœur ;
J'éclate, et, fussiez-vous un nouveau Briarée,
Sous les traits enflammés de ma muse inspirée
Vous allez succomber, comme à l'effort du vent
L'arbre qui cède, tremble, et se brise en tombant.

FLORVILLE.

Tout votre enthousiasme est plaisant , je vous jure.....
Laissez là ce jargon.

CHARLES.

          Du jargon!.... quelle injure!...
Du jargon!... ah! ce mot redouble mon courroux!....
Écoutez-moi, tremblez, car je m'adresse à vous.

FLORVILLE.

Après ce beau début qu'allez-vous donc me dire?....
Je ne sais quel démon vous pousse et vous inspire :
Les poëtes sont fous; et leur noble raison
Ne saurait s'abaisser à parler sans façon.
Moi, qui suis simple et franc, j'aime un style vulgaire.
Et d'ailleurs une scène est-elle nécessaire?
Je sais déjà, Monsieur, que l'espoir du bonheur
Avait en vain flatté mon trop crédule cœur ;
Que pour me détromper votre père me chasse ,
Qu'un autre, plus heureux, peut-être me remplace :
Venez-vous me l'apprendre? eh bien! ces complimens
Peuvent se débiter sans étourdir les gens.
Il est vrai que je souffre, et je sens qu'avec peine
D'une douce union je vois rompre la chaîne.
Mais je ne conçois pas, sans connaître mon tort,
Pourquoi je dois trembler quand vous criez si fort.
Expliquez donc, Monsieur, votre étonnant langage ;
Ou bien, je vous dirai que c'est moi qu'on outrage,
Que seul je puis me plaindre , et qu'en dépit de vous
Je dois avoir pitié du sublime courroux.

CHARLES.

Ah! vous vous emportez !... j'ai tort de vous déplaire...
Et puis quels contes bleus venez-vous donc nous faire?

Il s'agit bien d'hymen ! Laissez là ces discours,
Et cessez d'employer d'inutiles détours.
Assez long-temps, Monsieur, vous avez voulu feindre ;
Mais le masque est tombé, commencez à nous craindre.
Ce langage est-il clair et vulgaire ?

FLORVILLE.

Si bien

Qu'en voulant l'expliquer je n'y comprends plus rien,
Et je commence à croire, en me trouvant si bête,
Qu'un de nous deux sans doute aura perdu la tête.
Si mon masque est tombé, quelle est donc ma couleur ?
Suis-je un traître, un méchant, un calomniateur ?
Le ton que vous prenez semble me faire entendre
Qu'à ces titres flatteurs mon orgueil peut prétendre,
Et je voudrais savoir, pour vous remercier,
De quel nom votre choix veut me gratifier.

CHARLES.

De ces propos plaisans épargnez-vous l'audace.
Vous raillez par système, et riez par grimace,
Allez, je le vois bien ; sous cet air affecté
Votre cœur se trahit, vous êtes agité...
Ah, morbleu ! c'en est fait, nous vous ferons connaître !
Pour exalter les cœurs mon ode va paraître ;
Et mon père saura, dissipant tout soupçon,
Par un style pressant parler à la raison.
Déjà dans les journaux son article s'imprime.
Vous n'aimez pas, Monsieur, qu'on garde l'anonyme ;
Eh bien ! il signera, car il doit aujourd'hui
Laisser le bien public pour ne penser qu'à lui,
Et c'est en se nommant qu'il faut que son courage
Éloigne de sa tête un dangereux nuage.

FLORVILLE.

Ma patience enfin commence à se lasser...
Je suis chez vous, Monsieur, vous pouvez me chasser;
Mais pourquoi voulez-vous distiller sur ma vie
Le venin de la haine et de la calomnie?
D'un rôle affreux et bas ne redoutez-vous rien?
Le calomniateur n'est pas homme de bien,
Prenez-y garde au moins; vous vous souillez d'un crime,
Et lorsque vous croirez flétrir votre victime,
Vous serez méprisé par les honnêtes gens...
Pourrait-on estimer ces lâches médisans
Qui, des malins propos redoutant la poursuite,
Pour une foule oisive immolent le mérite;
Ou qui voulant en vain paraître vertueux,
Présentent la vertu sous des traits odieux?...
Le public un instant peut se laisser séduire;
Trompé par les méchans il ne croit pas médire.
Mais ce triomphe est court; l'honnête homme outragé
Par le public lui-même est tôt ou tard vengé.
C'est vous qu'on flétrira; vous, dont la plume impure
Veut épuiser sur moi l'insulte et l'imposture;
Vous, qui, peu satisfait de déchirer mon cœur,
Osez souiller mon nom et me ravir l'honneur.
Qu'ai-je fait pour armer la haine qui m'accable?
Vos écrits scandaleux me rendront-ils coupable?
Je crains bien qu'abusant de votre bonne foi,
Un fourbe n'ait aigri vos esprits contre moi.
Vous êtes dans l'erreur, ou vous voulez me nuire.
Que me reproche-t-on? Vous n'osez me le dire...
Peu m'importe. Mon cœur, ami de la vertu,
Par les coups des méchans serait-il abattu?
Non; malgré leur noirceur j'espère les confondre;

Et sans que ma fierté s'abaisse à leur répondre,
Par une vie honnête et d'utiles travaux
Je saurai triompher de leurs lâches complots.

CHARLES.

Vous n'êtes pas modeste.

FLORVILLE.

     Et je ne dois pas l'être.
Celui qu'on veut juger sans savoir le connaître
A le droit d'être fier dès qu'il est offensé.

CHARLES.

Quand on découvre un traître il doit être accusé.

FLORVILLE.

Moi traître!... moi, Monsieur, j'aurais l'âme assez noire!.
Mais non, pour votre honneur je ne veux pas vous croire.

CHARLES.

Peu m'importe ; je sais qu'il faut pour notre honneur
D'un funeste complot dévoiler la noirceur.

FLORVILLE.

Au nom du ciel, daignez m'expliquer ce mystère.

CHARLES.

Consultez votre cœur ; pour moi je dois me taire.

FLORVILLE.

Faut-il vous attester que je suis innocent ?

CHARLES.

Eh bien ! je vous en fais, Monsieur, mon compliment.
Mais ma muse s'indigne, et comme le temps presse,
Pour m'occuper de vous souffrez que je vous laisse.

SCÈNE VII.

FLORVILLE, seul.

Mon sort est singulier ; qui l'aurait pû prévoir ?...
J'arrive ici, le cœur plein du plus doux espoir,
Et l'accueil qu'on me fait me touche et m'encourage :
Quand tout à coup mes gens ont changé de visage ;
Et, leur haine en un jour s'exhalant contre moi,
Je ne suis plus qu'un monstre, et je ne sais pourquoi...
Oh ! morbleu ! c'est trop fort... Eh bien ! faut-il se taire ?...
Mépriser leurs discours ?... éclaircir cette affaire ?
(En disant ces mots il se promène d'un air pensif, et pendant ce temps
Marignan paraît sur la scène.)

SCÈNE VIII.

MARIGNAN, FLORVILLE.

MARIGNAN.

Je vous trouble, Monsieur, vous êtes inquiet...

FLORVILLE.

(A part.)   (Haut.)
O ciel ! que vois-je !... Eh ! oui ; ce n'est pas sans sujet.

MARIGNAN.

Je puis vous éclairer si vous daignez m'entendre.
Vous m'avez inspiré l'intérêt le plus tendre ,
Et je plains votre sort.

FLORVILLE.

Grand merci de ce soin ;
Gardez votre pitié, je n'en ai pas besoin.

MARIGNAN.

Cette aigreur me surprend, et je vois avec peine
Que votre cœur se livre aisément à la haine.
Un injuste soupçon est-il digne de vous ?
Daignez prendre pour moi des sentimens plus doux ;
Je veux vous estimer, et vous rendre service.

FLORVILLE.

Je ne sais pas haïr, mais je hais l'artifice.

MARIGNAN (avec affectation).

Je vous aime, et de vous je fais le plus grand cas.

FLORVILLE.

Mon Dieu ! si c'était vrai vous ne le diriez pas...

MARIGNAN.

Et pourquoi donc, Monsieur, me feriez-vous un crime
De vous dire sans fard combien je vous estime ?

FLORVILLE (impatienté).

Je le crois... et je veux vous apprendre à mon tour
Que les propos flatteurs sont à l'ordre du jour
Chez les grands et les sots, que moi je m'en défie,
Et que je ne saurais estimer de la vie
Celui qui, sans pudeur feignant la bonne foi,
Me flatte par bassesse, ou se moque de moi.
Vous m'entendez.

MARIGNAN.

Fort bien, j'ai l'art de vous déplaire ;
Mais en dépit de vous je ne saurais me taire.

Vous êtes honnête homme, et je ne puis souffrir
Que Senange et son fils cherchent à vous trahir.

FLORVILLE.

Vous me jugez bien mal ; la basse médisance
N'a jamais de mon cœur gagné la confiance.
Je redoute ces gens dont l'abord empressé
N'annonce bien souvent qu'un zèle intéressé,
Et qui, toujours aigris par l'orgueil ou l'envie,
Sous un air caressant cachent la perfidie.
Et depuis quand, Monsieur, affectant la candeur,
Un fourbe a-t-il le droit d'outrager notre honneur,
D'accuser ses amis, et pour prix de son crime,
Ose-t-il de sang-froid mendier notre estime ?
Cette conduite infâme est une trahison.
N'êtes-vous pas ici l'ami de la maison ?
Senange a mis en vous toute sa confiance ;
Est-ce un fardeau pour vous que la reconnaissance ?
Ou n'êtes-vous qu'un monstre, et prenez-vous plaisir
A feindre l'amitié pour pouvoir la trahir ?
Si Senange s'abuse, en ami franc et sage
Sachez de la raison employant le langage,
Éclairer son esprit et rassurer son cœur ;
Mais ne l'accusez pas. Celui qui sans pudeur,
Dans ses lâches rapports ne respecte personne,
Ne saurait me tromper ; c'est lui que je soupçonne.

MARIGNAN.

Mais pourquoi donc, Monsieur, vous chasse-t-on d'ici ?...

FLORVILLE.

Senange a ses raisons pour en agir ainsi ;
Je le crois. Ne peut-il enfin, à vous entendre,
Disposer de sa fille, et refuser un gendre,

Sans être un méchant homme?

MARIGNAN.

Ah! quel sanglant affront!...
Pouvez-vous expliquer un changement si prompt?

FLORVILLE.

Je crois qu'on nous trahit.. qu'en dites-vous?..peut-être
Le fourbe n'est pas loin; vous pourriez le connaître...

MARIGNAN.

Vous me faites pitié!...

FLORVILLE.

Oh non!... je vous fait peur;
Et je crains d'avoir lu trop bien dans votre cœur...
Oui, Monsieur, croyez-moi, car je ne sais pas feindre.

MARIGNAN (avec affectation).

Allez, je vous pardonne, et vous êtes à plaindre.
Aigri par les soupçons, que l'homme est malheureux!
Tout le monde est pour lui suspect et dangereux;
Il craint à chaque pas une main ennemie;
La plus noire tristesse empoisonne sa vie,
Et, seul dans l'univers, il n'a pas le bonheur
De partager sa peine et d'épancher son cœur.
C'est votre sort peut-être. Ayez plus d'indulgence,
Le charme de la vie est dans la confiance;
Croyez ce que je dis, et d'un regard plus doux
Honorez un ami qui s'intéresse à vous.
Et pourquoi m'accuser d'une odieuse trame?
Des sentimens jaloux agitent-ils votre âme?
Ah, Monsieur, Marignan doit peu vous alarmer!

FLORVILLE.

Avec tous vos discours pensez-vous me charmer?

Eh ! laissez moi !...

MARIGNAN.

Je dois , quand le danger vous presse,
Détromper votre esprit d'une erreur qui me blesse ,
Et, dénonçant le crime avant qu'il soit commis,
Vous faire voir enfin quels sont vos ennemis.
Je voudrais , j'en conviens, ignorer ce mystère...
La vérité m'accable, et je ne puis me taire.
En sauvant la vertu peut-on être indiscret ?
Quoi ! faut-il étouffer un funeste secret ,
Et des plus noirs projets devenant le complice ,
Préparer pour mon cœur un éternel supplice ?
Par des nœuds criminels serais-je donc lié ?
A-t-elle encor des droits la coupable amitié
Qui, d'un pur sentiment profanant l'innocence,
Ordonne pour le crime un perfide silence ?
Non... Senange a trompé votre cœur et le mien ;
Il trahit l'amitié, je ne lui dois plus rien.
C'est lui qui pour son fils, jaloux de votre place ,
Par des récits menteurs trame votre disgrâce ,
Et vous accuse enfin d'un secret attentat
Contre les jours du prince et la paix de l'état.
Vous êtes indigné...

FLORVILLE (avec dédain).

D'entendre un tel langage.
Vous osez donc, Monsieur, sans changer de visage,
Cacher sous les dehors de la sincérité
L'audace, l'imposture et la méchanceté !
Pensez-vous que je sois votre lâche complice ?...
Allez trouver ces gens dont la noire malice,
Du poison de la haine infectant les esprits,
Divise les parens ou brouille les amis,

Et qui s'applaudissant du succès de leurs crimes,
Avec un rire amer contemplent leurs victimes.
Allez. Pour moi, Monsieur, qui sais encore rougir,
Je ne saurais goûter ce barbare plaisir ;
Et jugez de l'horreur que le méchant m'inspire,
Je vous méprise assez pour oser vous le dire.

MARIGNAN (troublé).

Ces propos outrageans ne sauraient me blesser....
Quand je veux vous servir vous voulez m'offenser......
Mais le ciel...

FLORVILLE (avec impétuosité).

                Le ciel démasque l'imposture.
N'allez pas l'irriter par un nouveau parjure,
Je ne vous croirais pas... Senange délateur!...
Lui me trahir! grand Dieu!..Non, non; c'est une horreur.
Senange est généreux, je le crois, je l'estime,
Et vous lui reprochez sans doute votre crime.

MARIGNAN.

Qui ? moi ?...

FLORVILLE.

        Oui.

MARIGNAN.

Vous croyez, Monsieur?...

FLORVILLE.

                Je ne crois rien,
Mais je crains ; c'est assez.

MARIGNAN (violemment troublé).

                Eh quoi! les gens de bien
Doivent-ils dans leurs cœurs nourrir la défiance ;
Et par de faux soupçons outrageant l'innocence ,

Condamner leurs amis avec témérité ?
Faut-il...

FLORVILLE.

Vous vous troublez...

MARIGNAN.

J'ai dit la vérité.

FLORVILLE.

(A Dubois qui entre.)
Non !..... Que veux-tu , Dubois?

DUBOIS.

Monsieur, c'est une lettre
Qu'un laquais inconnu m'a dit de vous remettre.
(Il sort.)
FLORVILLE.
(A part.)
Voyons si je connais... Oui, Moringis m'écrit...
(Après avoir lu.)
O ciel!... se pourrait-il!... je demeure interdit....

MARIGNAN (saluant Florville avec un sourire malin).

De peur de vous gêner, Monsieur, je me retire.
(Il sort.)

SCÈNE IX.

FLORVILLE, seul.

Quel malheureux avis!... et que viens-je de lire!
Me serais-je trompé ?
(Il relit la lettre.)
« Mon cher Florville, votre sort m'inquiète beau-
» coup. Vous êtes bon , franc , généreux , je le sais ,

» j'en suis sûr, et les personnes qui vous entourent vous
» trahissent. Défiez-vous de Senange, et venez me voir.
» J'aurai de tristes nouvelles à vous apprendre ; mais je
» vous presserai sur mon cœur : les consolations de
» l'amitié adoucissent les peines, et font oublier les
» méchans. »

                  Je vole dans tes bras ,
O mon ami ! toi seul ne me tromperas pas !...
Mais que vas-tu m'apprendre, et que faudra-t-il faire?..
Je tremble d'éclaircir un odieux mystère.

FIN DU SECOND ACTE.

ACTE TROISIÈME.

SCÈNE PREMIÈRE.

MARIGNAN seul, tenant une lettre qu'il regarde avec satisfaction.

L'intrigue, quoi qu'on dise, est un puissant ressort ;
Elle sait à son gré varier notre sort,
Et, dissipant l'ennui d'une vie importune,
Au milieu des projets nous mène à la fortune.
Sans elle le destin, pour avilir mon sang,
Avec la pauvreté m'exilait de mon rang ;
Et, partout rejeté, j'aurais avec tristesse
Sous l'habit d'un vilain promené ma noblesse.
Mais l'intrigue est puissante ; avec un tel appui
De Florville et du sort je triomphe aujourd'hui.
Dans un poste éclatant ma fierté va renaître.
De mon ami le duc relisons cette lettre ;
Elle est courte, mais forte, et m'élève le cœur...
Je suis tout transporté !...

(Il lit.)

« Monsieur ,

» Un préfet, dénoncé à la police comme fort sus-
» pect dans ses opinions, va être destitué ; et le mi-
» nistre, qui est de mes amis, m'a promis la place pour

6

» vous. Vous recevrez ce soir votre nomination....
» Je vous salue , etc., etc.. »
                          Ce soir !... ah ! quel bonheur !..
La fortune pour moi n'est plus une chimère ;
Après vingt ans d'espoir j'entre dans la carrière ;
Le premier pas est fait, je pourrai tout tenter,
Et malheur aux rivaux qui vont se présenter !
Florville est le premier qui me cède sa place.
J'ai souffert ce matin son insolente audace,
Parce que je savais qu'avant la fin du jour
J'aurais aussi de quoi le braver à mon tour.
Mais tâchons cependant d'achever notre ouvrage.
Je vais être bientôt un nouveau personnage ;
Il me faut une femme... et, je dirais bien mieux ,
J'ai besoin d'une dot pour éblouir les yeux,
Et me montrer encor digne par ma dépense
D'un rang où m'appelait le droit de la naissance.
Senange pour sa fille a besoin d'un époux ;
Ainsi tout va bientôt s'arranger entre nous.
Il m'accepte pour gendre ; et si l'hymen me gêne.
Quatre cent mille écus adouciront la chaîne.
Mais chut... Voici quelqu'un...

SCÈNE II.

MADAME DE SENANGE , MARIGNAN

MADAME DE SENANGE.

                          Mon ami , plaignez-moi.
Je ne suis pas contente...

MARIGNAN.

                          Eh ! Madame , pourquoi?...

Souffrez-vous? je vous plains...

MADAME DE SENANGE.

Je souffre le martyre ;
(Avec dépit.)
Mon mari sans pitié vient de me contredire.
Que cela fait du mal !...

MARIGNAN.

Senange en vérité
A-t-il pu jusque là pousser la cruauté?
La contradiction, j'en conviens, est terrible ;
Et je crois qu'il n'est pas une femme sensible
Qui n'ait des maux de nerf ou quelque pamoison
Quand on ose trouver qu'elle n'a pas raison.

MADAME DE SENANGE.

Et j'ai souffert pour vous cette douleur extrême!....

MARIGNAN.

Pour moi !...

MADAME DE SENANGE.

Pour vous, Monsieur ; jugez si l'on vous aime!

MARIGNAN.

Ah ! que ce mot est doux!... Mais dites-moi comment
J'afflige mes amis, quand je suis innocent?...

MADAME DE SENANGE.

Ingrat! oui, vous feignez de ne me pas comprendre !...
Eh bien! vous saurez donc que j'ai fait choix d'un gendre..

MARIGNAN.

Quoi ! pourrais-je espérer !..

MADAME DE SENANGE.

> Oui , mais le cher époux
Aime un peu trop l'éclat... et ne veut pas de vous.
Obtenez une place, il consent...

MARIGNAN.

> Ah ! Madame ,
D'espoir et de plaisir vous remplissez mon âme!..
Que ne vous dois-je pas !... Excusez ce transport...
Votre aimable bonté s'intéresse à mon sort,
Et vous n'aurez point fait une prière vaine.
Senange va bientôt approuver notre chaîne :
Il veut des dignités , Madame, j'y souscris,
Et je suis sûr enfin d'être heureux à ce prix.

MADAME DE SENANGE.

Quelle assurance !... Allons, expliquez-vous de grâce.

MARIGNAN.

Apprenez que mon sort vient de changer de face ;
Je suis nommé préfet.

MADAME DE SENANGE.

> Juste ciel, quel plaisir !
En me contrariant il faudra m'obéir ,
Et par là d'un mari je vais être vengée.
Aussi de mes douleurs je me sens soulagée ,
Et ce petit succès pourrait en vérité
Egayer un instant ma sensibilité.

MARIGNAN (avec affectation)

Ah ! pour votre repos je le voudrais , Madame
La sensibilité doit épuiser votre âme...

Mais elle vous sied bien, et ce regard touchant
Va jusqu'au fond du cœur...

MADAME DE SENANGE.

Que vous êtes charmant!..
Et l'on vous préférait Florville!... Est-il possible!...
Lui, froid et sans amour...

MARIGNAN.

Moi je suis si sensible...
Et la mélancolie a pour moi tant d'appas...
Mais voici votre fils.

MADAME DE SENANGE.

Il est bien, n'est-ce pas?

MARIGNAN.

Il vous ressemble...

MADAME DE SENANGE (à son fils qui entre).

Charle, embrasse ton beau-frère,
Il est préfet... je vais l'annoncer à ton père.
(Elle sort en souriant à Marignan.)

SCÈNE III *.

CHARLES, MARIGNAN.

CHARLES (étonné).

Vous préfet!... que dit-elle?

(*) Les discours et les gestes des personnages tout doit être affecté dans cette scène.

MARIGNAN.

Eh bien ! la vérité.

CHARLES.

J'en suis ravi d'honneur !... vous l'avez mérité.
Mais est-ce tout de bon ?...

MARIGNAN.

N'en doutez pas, de grâce.

CHARLES.

Ah! je suis fou !.. pardon ; souffrez qu'on vous embrasse.
Que vous serez heureux !...

MARIGNAN.

Si j'obtiens votre sœur;
Elle seule aujourd'hui peut faire mon bonheur.

CHARLES.

Et vous ferez le sien , mon ami, je l'espère :
Soyez sûr à ce prix d'être aimé de son frère.
Vous êtes bon , sensible, et pourtant je le dis,
Pour ma sœur et pour vous je sens que je frémis ;
Car , il faut l'avouer, mon cher, le mariage
N'offre de tous côtés qu'une funeste image.
On ne voit plus l'amour par son charmant pouvoir
D'un état plus sévère adoucir le devoir :
Deux époux ont le droit d'en agir sans scrupule ,
Et la fidélité n'est plus qu'un ridicule.
Mais aussi, dans le monde excitant ses désirs,
Un mari va chercher de coupables plaisirs ,
Et , d'une épouse aimable outrageant la tendresse ,
Porte un cœur adultère aux pieds d'une maîtresse.
Alors le malheureux , tyran dans sa maison,
Ne trouve plus chez lui qu'une triste prison ,

Et force sa famille à souffrir en silence
Ou sa mauvaise humeur, ou son indifférence.
Une femme à son tour, dans son dépit jaloux,
Va dans les bras d'un autre outrager son époux.
Et parfumant son corps, colorant son visage,
Pour se prostituer dédaigne son ménage.
Alors plus d'amitié, d'égards et de bonheur :
Deux époux de l'hymen corrompent la douceur ;
Et tous deux, affranchis d'une chaîne importune,
Au sein des voluptés prodiguent leur fortune.
Voilà dans le public ce qu'on voit chaque jour.
Faut-il s'en étonner, mon cher, lorsque l'amour
N'est plus le doux lien qui rapproche les âmes ?
Ce n'est pas la vertu qu'on cherche dans les femmes ;
On se passe aujourd'hui de leur fidélité
Pourvu qu'on ait de l'or... et la cupidité
Des plus purs sentimens empoisonnant la source,
On ne parle d'hymen que pour remplir sa bourse.

MARIGNAN.

Eh ! mon ami, de grâce égayez vos pinceaux !
Pourquoi me retracer ces affligeans tableaux ?
Pensez-vous qu'aujourd'hui mon âme intéressée
D'une riche union nourrisse la pensée,
Préfère la fortune à l'aimable pudeur,
Et vende au poids de l'or mon repos et mon cœur ?
Non ; ma femme, Monsieur, me sera toujours chère,
Qu'elle soit riche ou pauvre...

CHARLES.

        Ah ! je vous crois sincère !
Et ces mots si touchans soulagent mes chagrins.
Aimez ma sœur, Monsieur, rendez ses jours sereins.

Des roses de l'amour couronnez sa jeunesse.
Hélas ! la pauvre enfant ! objet de ma tendresse....
Ne connaît pas encor le monde et ses douleurs !....
Que je la plains !... O ciel ! je sens couler mes pleurs !..
De grâce, excusez-moi...

MARIGNAN.

    Pourquoi ce trouble extrême?
Vous m'outragez, Monsieur. Quoi! celui qui vous aime
Pourrait-il étouffer des sentimens si doux,
Pour le triste plaisir d'être un mauvais époux?

CHARLES.

Oui, mon cher, grondez-moi... mais il m'est impossible
De ne pas m'attendrir.... ah ! je suis trop sensible !....
Vous pourriez cependant dissiper ma douleur.

MARIGNAN.

Expliquez-vous ; je veux rassurer votre cœur.

CHARLES.

Ce que j'attends de vous serait un sacrifice
Pour ces gens qui, remplis d'une basse avarice,
Encensent la fortune, et croient que sans trésors,
On fait pour être heureux d'inutiles efforts.
Mais, vous me l'avez dit, et je vous crois sincère,
Votre âme, dédaignant un préjugé vulgaire,
Recherche les vrais biens, et ne veut pour jouir
Que le bonheur si pur d'aimer ou de sentir.
Eh bien ! voici l'instant de faire sans foiblesse
Des plus beaux sentimens éclater la noblesse.
Tout sourit à vos vœux : vous obtenez un rang
Qui vous donne un éclat digne de votre sang ;

Vous aimez, vous allez goûter du mariage ;
C'en est assez , je crois, pour contenter le sage.....
Et que faut-il de plus ? Vous êtes pauvre ? Eh bien !
Avec les dignités on ne manque de rien ;
Vous vivrez dans le monde, et pour faire figure
L'État vous fournira de l'or avec usure.
Aussi j'ose espérer qu'en épousant ma sœur,
Vous saurez immoler l'intérêt à l'honneur.
Sa dot serait pour vous une charge importune ;
N'est-il pas vrai, mon cher ?... Qu'est-ce que la fortune
Auprès des qualités de l'esprit et du cœur ?....
Ma sœur est belle, aimable, et sa douce candeur
En promettant d'aimer inspire la tendresse.
Si son cœur vous doit tout, époux, honneurs, richesse,
Soyez sûr d'obtenir, par un tendre retour,
Cette fidélité compagne de l'amour.
Qu'en dites-vous ?... parlez....

MARIGNAN.

La ressource est heureuse.

CHARLES.

Et digne à mon avis d'une âme généreuse.

MARIGNAN.

Généreuse est le mot, Monsieur, et je vois bien
Qu'une telle bonté ne doit vous coûter rien ;
C'est l'amitié d'un frère.

CHARLES.

Oh ! non ; rien, je vous jure...
Ces sentimens heureux, qu'inspire la nature,
S'échappent de mon cœur sans orgueil , sans effort . .

MARIGNAN.

Quelle délicatesse !.... ah ! je bénis le sort
Qui dévoile à mes yeux votre âme tout entière !
Vous êtes doué là d'un riche caractère.

CHARLES.

Aussi vous m'estimez, et vous avez raison.
Un autre écouterait un odieux soupçon ,
Et, croyant l'amitié capable d'artifice,
Oserait m'accuser d'une basse avarice.

MARIGNAN.

Ah ! fi donc !.. quelle horreur !.. cet homme assurément
N'aurait jamais connu la voix du sentiment.
Pour moi j'entends fort bien le trouble qui vous presse.
Allons, rassurez-vous, mon cher, plus de tristesse.
Votre sœur doit languir dans un triste séjour ;
Déjà son jeune cœur a soupiré d'amour,
Et, maudissant l'ennui d'un tranquille esclavage,
Elle demande au ciel les plaisirs du bel âge.
Eh bien ! lorsque l'hymen allumant son flambeau
Dérobe sa jeunesse à la nuit du tombeau,
Quand un ami, chargé de veiller sur sa vie,
Promet d'aimer toujours une sœur si chérie,
Je vois sur votre front la plus sombre douleur,
Et vous vous effrayez, mon cher, de son bonheur.
L'amitié fraternelle est donc votre supplice ?
Ce sentiment est beau... mais l'excès est un vice ;
Croyez ce que je dis, et tâchez de calmer
Votre âme, selon moi trop prompte à s'alarmer.
Quant à la dot, Monsieur, je ne sais que vous dire.
Votre sœur a des droits que je ne puis détruire :

Et , quoiqu'en l'épousant je ne demande rien ,
Il ne m'est pas permis de vous donner son bien.
Mais voici votre père...

SCÈNE IV.

LES PRÉCÉDENS , **SENANGE.**

SENANGE (à Marignan).

                    Ah ! que viens-je d'apprendre ?
On vous nomme préfet , et vous êtes mon gendre.
C'est fort bien, mon ami ; j'y souscris de bon cœur...
Mais puis-je en ce moment sentir votre bonheur ?
Mon âme pour cela n'est pas assez tranquille.
Que dit-on de nouveau ?... Parle-t-on de Florville ?..
Connaît-on ses projets ? Juste ciel ! je frémis !...
Car sans doute, mon cher , me voilà compromis ;
Et vous devez juger si mon sort est à plaindre.....

MARIGNAN.

Je ne vois pas, Monsieur, ce que vous pouvez craindre.
Florville est renvoyé...

SENANGE.

Mais, sans doute...

MARIGNAN.

                    Tant mieux...

SENANGE.

Oui, félicitez-moi.... Des rapports odieux.
Excitant du pouvoir l'active vigilance ,
N'auront-ils pas déjà souillé mon innocence ?...

Pour comble de malheur je parais criminel.
Depuis un mois Florville habitait mon hôtel ;
Je ne puis le nier.... et ce matin encore
Il vivait avec moi ; croyez-vous qu'on l'ignore?....
La police est partout; et ne savez-vous pas
Que son œil inquiet, observant tous nos pas,
Saisit avidement l'apparence du crime?...
C'en est assez, Monsieur, pour faire une victime :
Car, sans examiner si des dehors trompeurs
Offrent la vérité sous de fausses couleurs,
Le pouvoir veut punir dès l'instant qu'il soupçonne...
Mais je veux supposer enfin qu'on me pardonne ;
Sous un prince sensible, aimable et généreux,
On peut tout espérer.... serai-je plus heureux?....
Pensez-vous pour cela que mon cœur se rassure?
Pourrai-je désarmer l'envie et l'imposture
Qui, par un jeu cruel rappelant mon malheur,
Accableront mes jours du poids du déshonneur?...
Je ne puis supporter l'avenir qui s'apprête....
En vain j'ai su long-temps, au fort de la tempête,
Flatter tous les partis sans en servir aucun,
Parler dans les journaux de l'intérêt commun
Et, m'élevant ainsi sans tomber dans l'abîme,
Ménager la faveur et mériter l'estime.
Un instant a détruit le fruit de mes travaux ;
Je crois voir contre moi s'armer tous mes rivaux :
L'amitié me trahit, le peuple me menace,
La froideur du pouvoir m'annonce une disgrâce,
Tout m'accable à la fois... et dans ce grand malheur,
J'irai, pour m'éloigner d'une injuste clameur,
Ensevelir ma honte au fond d'une retraite.
Et dans quels temps encore !... Ah! mon âme inquiète

Dans la vôtre, mon cher, épanche ses douleurs !
J'allais bientôt m'asseoir parmi les sénateurs,
Et jouir de la gloire à la fin d'une vie
Que j'ai su consacrer au bien de la patrie.

MARIGNAN.

Eh ! Monsieur, quels discours !... je ne puis concevoir
Qu'un homme comme vous se livre au désespoir
Pour un petit malheur, que dis-je ?... une chimère...
Conservez la fierté d'un noble caractère :
Votre gloire est solide ; et vous devez penser
Qu'un faible jeu du sort ne peut la renverser.
Mais pourquoi soupçonner le pouvoir d'injustice ?
Il sait bien, croyez-moi, démasquer l'artifice,
Chercher au fond des cœurs les complots ennemis,
Et parmi les méchans distinguer ses amis.
Après cela, Monsieur, cessez donc de vous plaindre ;
Si le pouvoir se venge, est-ce à vous de le craindre ?

SENANGE.

Oui, je crains tout.

MARIGNAN.

Pourquoi ?

SENANGE (avec impatience).

Ne vous ai-je pas dit
Que j'étais estimé, que j'avais du crédit ?...

MARIGNAN.

Eh bien ! vous pouvez donc faire face à l'orage.

SENANGE (avec colère).

Ah ! voilà vos grands mots !.. Savez-vous que j'enrage,

Et que votre sang-froid est fort peu de saison?

MARIGNAN.

Je commence à sentir que vous avez raison.

SENANGE.

Eh bien ! répondez-moi. Pourquoi notre existence
Est-elle le jouet d'une vaine espérance ?
L'homme est né, je le sens, pour être malheureux.
En vain le sort cruel paraît combler ses vœux ;
Il obtient du crédit, un rang, de la fortune,
Mais il perd le repos ; une crainte importune
Empoisonne pour lui la gloire et la faveur.
Ah ! c'est loin de la cour qu'on trouve le bonheur !
O ciel ! je poursuivais une vaine chimère !...
N'avoir plus de crédit !... que cela désespère !
J'ai donc vécu pour rien.

CHARLES. (Pendant qu'il parle , Senange tombe dans une rêverie
profonde.)

                        Mon père, calmez-vous,
Et du sort inconstant sachez braver les coups,
Quand le ciel, pour charmer les ennuis de la vie,
Vous laisse la fortune et la philosophie.
Ah ! vous pourrez goûter des plaisirs bien touchans ;
Et loin des importuns, des jaloux et des grands,
Au sein de l'abondance et de la solitude,
Vivre libre, content et sans inquiétude.
Alors vous coulerez doucement vos vieux jours ;
Aucun songe fâcheux n'en troublera le cours,
Et, retrouvant partout le calme et la nature,
Vos sens s'enivreront d'une volupté pure.
Ce bonheur simple et vrai ne vous coûtera rien.

Vous ne m'entendez pas?

SENANGE (toujours rêveur).

Oui , mon fils, c'est très-bien...
As-tu raison?...

CHARLES.

Eh mais... , mon père, je le pense
Pour moi , traînant ici la plus triste existence,
Seul , séparé de vous, je peindrai vos malheurs;
Et mes touchans récits feront couler les pleurs.
On vous rappellera.

SENANGE (sortant de sa rêverie).

D'où?

CHARLES.

De votre retraite...

SENANGE.

Que diable dis-tu là?... Je crois qu'il perd la tête...
Écrivons au ministre...

MARIGNAN (étonné).

Et que lui direz-vous?...

SENANGE.

Tout ce que je pourrai pour adoucir ses coups.

MARIGNAN.

Le parti le plus sage est de rester tranquille.

SENANGE.

Pour me justifier je dénonce Florville.

MARIGNAN.

Quoi! vous accusateur, Monsieur!... qu'avez-vous dit!...

SENANGE.

Qu'importe, si par-là je sauve mon crédit?

Mais non, un tel motif n'excite point mon zèle :
Je livre à la justice un citoyen rebelle,
Qui, tramant en secret de funestes complots,
Peut perdre mon pays, ou troubler son repos...
C'en est fait, il faut rompre un funeste silence,
Et pour sauver l'État prouver mon innocence.

    (à Marignan.)

Je dirai que c'est vous qui m'avez tout appris...
Eh bien ! de mon projet vous paraissez surpris !

MARIGNAN.

Oui, je tremble... pour vous, et ce n'est pas sans cause.
Savez-vous bien à quoi ce projet vous expose ?
Calmez tous vos transports, Monsieur ; sans y songer
Vous courez vous offrir au devant du danger ;
Le coupable est connu, sa disgrâce est certaine :
Dans ce méchant procès pourquoi vous mettre en scène ?
Pourquoi fixer sur vous les regards curieux ?
Vous donnerez l'éveil à tous vos envieux ;
Les plus fâcheux soupçons viendront vous compromettre,
Et pour les dissiper vous les aurez fait naître.
Voilà de vos rapports quel sera l'heureux fruit.

SENANGE.

O ciel ! que faut-il faire ?... à quoi suis-je réduit ?...
Suivez-moi, Marignan, et par votre prudence
Aidez-moi, je vous prie, à sauver l'innocence ;
Ou, si je ne saurais éviter mon malheur,
Endurcissez mon âme, et calmez ma douleur.

    (Pendant qu'ils sortent d'un côté, Florville et Dubois entrent de
l'autre.)

SCÈNE V.

FLORVILLE, DUBOIS.

FLORVILLE (avec colère).

Et j'entrerai, butor !... Que le diable t'emporte !...

DUBOIS.

Monsieur m'a défendu de vous ouvrir la porte.

FLORVILLE.

C'est obligeant pour moi... mais va, cours l'avertir
Que je l'attends.

DUBOIS.

Pourquoi ?

FLORVILLE.

Bah !... pour l'entretenir...

DUBOIS.

Oh non ! vous me trompez ; votre sombre figure
N'est pas ici, je crois, d'un favorable augure.

FLORVILLE.
Va, ne crains rien.

DUBOIS.

Mon maître est agité, rêveur,
Et vous me paraissez de fort mauvaise humeur...
Avec cela comment voulez-vous vous entendre ?

FLORVILLE.

Que t'importe ?... sais-tu que je suis las d'attendre ?...
Allons, marche.

DUBOIS.

Dirai-je à Monsieur que c'est vous?

FLORVILLE (impatienté).

Et qui donc?

DUBOIS.

Votre nom va le mettre en courroux.

FLORVILLE.

Tant mieux.

DUBOIS.

Et s'il refuse...

FLORVILLE (avec impétuosité).

Ah morbleu! sans ton âge
Tu me payerais cher ton fâcheux bavardage!...

DUBOIS.

Je tremble... vous verrez qu'il va me quereller.

FLORVILLE.

Je me charge de tout.

DUBOIS (avec embarras).

C'est donc pour lui parler.

(A part.)
Hom! cet homme est bien vif, et je crains pour mon maître
(Haut.)
Un terrible entretien...Monsieur, j'ai l'honneur d'être...

FLORVILLE.

Adieu, pars.

SCÈNE VI.

FLORVILLE, seul.

Je revois cette affreuse maison!
Le voile est déchiré...Ciel! quelle trahison!

On m'outrage, on m'accuse : une main ennemie
Sur un papier menteur trace mon infamie,
Me peint comme un méchant, un traître, un factieux;
Et livrant au pouvoir ce portrait odieux,
Médite par plaisir l'instant de ma disgrâce,
Ou par son déshonneur veut acheter ma place.
Et quel est le cruel qui me porte ces coups?...
Je frémis d'y penser... Senange, est-ce bien vous?...
Vous... dont l'attachement me paraissait sincère,
Vous que je respectais!... vous l'ami de mon père!...
Oui ; l'ingrat! il a pu se jouer sans pitié
D'un cœur qui se fiait à trente ans d'amitié!...
Tandis qu'il me flattait pour cacher sa malice,
Le fidèle Dubois portait à la police
Ces écrits où la haine exhalant sa fureur,
Outrage ma conduite, et souille mon honneur.
Voilà, qui l'aurait dit?... ce que je viens d'apprendre...
Mais on ne peut, je crois, me juger sans m'entendre :
La police aujourd'hui doit me faire arrêter ;
Tout se découvrira.

SCÈNE VII.

FLORVILLE, SENANGE.

SENANGE (brusquement).

Que peut-on souhaiter?
Pourquoi venir?...

FLORVILLE.

Déjà ma présence vous lasse...
Ah! veuillez m'excuser !... Je viens vous rendre grâce

De l'accueil et des soins que j'ai reçus chez vous ;
Laissez-moi m'acquitter d'un devoir aussi doux.
Que ne vous dois-je pas, Monsieur ! je viens d'apprendre
Que vous savez encore avec un zèle tendre
Soigner par charité ma réputation,
Et garder le secret d'une bonne action.
Le trait est délicat, je vous en remercie.

SENANGE.

Je n'entends rien, Monsieur; à la plaisanterie.
Mais je vous dis tout franc que votre pauvre honneur
Peut loin de ma maison chercher un protecteur.
Je ne me mêle point des affaires des autres :
J'ai bien assez, morbleu ! de surveiller les nôtres,
Sans aller débiter d'impertinens propos,
Et juger le prochain pour amuser les sots.
D'ailleurs les gens de bien, les véritables sages,
Ont-ils besoin, Monsieur, de prôneurs à leurs gages,
Et vont-ils, escortés de ces vils charlatans,
Du bruit de leurs vertus étourdir les passans?
Non, c'est par les bienfaits, les mœurs, la modestie,
Qu'ils répandent partout l'éloge de leur vie;
Et c'est aussi par là que vous pourrez, Monsieur,
Sans le secours d'autrui protéger votre honneur...
Mais avons-nous fini?...

FLORVILLE (avec chaleur).

           Oui bientôt, je l'espère...
Car je n'y puis tenir... j'étouffe de colère...
Votre sang-froid m'indigne...Eh quoi ! pouvez-vous bien
Conserver devant moi ce tranquille maintien?...
Sans honte, sans douleur, soutenez-vous ma vue?
Ah ! si par les remords votre âme combattue

Avait sur votre front trahi son repentir,
Dans vos bras aussitôt vous m'auriez vu courir,
Heureux en pardonnant, de soulager la peine
De ce cœur qui jamais ne s'ouvrit à la haine!...
Mais je n'ai remarqué que dépit dans vos yeux :
Vous parlez de vertu d'un ton sentencieux,
Et, de l'homme de bien affectant l'assurance,
Vous croyez m'étonner par tant de suffisance.
Allez, cette conduite annonce un mauvais cœur,
Un homme dangereux, un méchant sans pudeur,
Qui, trompant le public par l'audace ou la feinte,
S'avilit sans remords, et fait le mal sans crainte.

SENANGE.

Quels indignes propos!... Vous me poussez à bout...
Sachez que d'un seul mot...

FLORVILLE.

Eh ! Monsieur, je sais tout.

SENANGE.

Eh bien ! retirez-vous.

FLORVILLE.

Ainsi, cessez de feindre.
Vous m'avez outragé, j'ai le droit de me plaindre.
Mais dites-moi, jamais un sentiment humain
Ne vous fit détester votre lâche dessein?
Êtes-vous fatigué de mériter l'estime?
Quel funeste démon vous excitait au crime?
En m'embrassant enfin pourquoi me frappiez-vous?
Si vous étiez poussé par des désirs jaloux,
Fallait-il lâchement méditer ma disgrâce?
Avec votre crédit on demande une place.

Doit-on calomnier, Monsieur, pour l'obtenir?
Ne peut-on dépouiller les gens sans les flétrir?
Mais, comme le serpent qui rampe et qui déchire,
Vous vouliez savourer le seul plaisir de nuire,
Et, par un zèle faux me trompant avec art,
Sur mon sein découvert essayer le poignard.
Que vous avais-je fait?... Séduit par vos promesses,
J'aimais à recevoir vos perfides caresses,
Je vous nommais mon père, et j'attendais le jour
Qui devait couronner vos soins et mon amour...
Ah! j'ai reçu le prix de tant de confiance!...
Je sens que ce malheur ébranle ma constance...
Mon ami me trahit! où me réfugier?...
A qui donc aujourd'hui faudra-t-il se fier,
Si ceux que le crédit, le rang et la fortune
Élèvent au-dessus de la sphère commune,
Sont fourbes, corrompus, et donnent sans pudeur
Du crime triomphant l'exemple séducteur?...
Voyons, répondez-moi.

SENANGE.

    Croyez-vous me confondre?
Reprenez vos esprits; on pourra vous répondre.
Jusque-là je vous plains, et j'ai toujours pensé
Qu'il valait mieux se taire avec un insensé.
Séparons-nous, Monsieur.

FLORVILLE (avec vivacité).

    Qu'oserez-vous me dire?
Parlez donc; du bon sens faites sentir l'empire;
Vous qui me croyez fou, rendez-moi la raison.

SENANGE.

Votre aspect me fait mal, sortez de ma maison.

FLORVILLE.

Que puis-je faire ici, Monsieur?...

SENANGE (avec force).

                    Me compromettre !
Vous êtes découvert.

FLORVILLE (avec amertume).

          Ce mot vous fait connaître.
Vous redoutez le mal dont vous êtes l'auteur...
C'est le sort du méchant...

SENANGE.

          Quelle est votre fureur !
Vous me parlez toujours d'un crime imaginaire.
Voulez-vous me mêler aussi dans votre affaire?
Oh ! je ne vous crains pas !...

FLORVILLE.

          Calmez cette fierté.
Vous me bravez encor; j'attends la vérité.
L'innocence aujourd'hui peut reposer sans crainte;
Et si le cœur du Roi sait accueillir la plainte,
Du calomniateur il repousse la voix,
Et livre le méchant à la rigueur des lois.
Oui, vous serez puni.

SENANGE.

          De trop de complaisance.
J'ai pu vous recevoir chez moi sans défiance,
Estimer votre cœur, et croire à vos discours,
Que tous vos sentimens éclataient sans détours.
Je me trompais, Monsieur; voilà quel est mon crime.
Mais d'un moment d'erreur serais-je la victime?

Non , je vais tout tenter pour me justifier.

FLORVILLE (avec dédain).

Dites que vous allez encor calomnier.
Et moi je vais, Monsieur, rompre enfin le silence,
Dévoiler vos noirceurs , prouver mon innocence,
Et déjouer ainsi vos coupables efforts.

SENANGE (avec effroi).

Comment! vous oseriez par d'infâmes rapports...

FLORVILLE.

Non , non, je montrerai la fausseté des vôtres.

SENANGE.

Je ne vous comprends pas. Souiller l'honneur des autres...
Quelle impudence! ô ciel !...

FLORVILLE.

Quelle témérité!
Peut-on plus fièrement nier la vérité !...

SENANGE.

C'est le traître, Monsieur, qui connaît l'imposture.

FLORVILLE.

Le méchant qu'on démasque a recours à l'injure.

SENANGE.

M'accusa-t-on jamais de nuire à mon pays ?....

FLORVILLE (avec mépris).

Allez , bon citoyen, dénoncer vos amis....

SCÈNE VIII.

LES PRÉCÉDENS, DUBOIS.

DUBOIS (d'un air effrayé).

Ciel! viennent-ils ici? quelle triste visite!...
(A Senange.)
Courez donc vous cacher, Monsieur, prenez la fuite...
Nous sommes menacés de quelque grand malheur....

SENANGE.

Explique-toi, maraud; d'où vient cette frayeur?

DUBOIS.

Laissez-moi respirer un instant, je vous prie;
De tout ce que j'ai vu j'ai l'âme si saisie,
Que si vous vous fâchez je ne pourrai parler.

SENANGE (avec dépit).

Allons... il faut attendre...

DUBOIS.

Oh! vous allez trembler!...

SENANGE.

J'enrage, malheureux!...

FLORVILLE.

Eh! satisfais ton maître,
Dubois.

DUBOIS (regardant avec émotion du côté de la porte).

J'entends du bruit; sans doute ils vont paraître...
(Après avoir vu.)
Ah! non!

SENANGE.

As-tu fini ces propos fatigans ?

DUBOIS.

Retirez-vous de grâce ; avec de telles gens
On ne saurait avoir assez de défiance.

SENANGE (en fureur).

Oui.... tu te fais un jeu de mon impatience....

DUBOIS.

Vous ne me croyez pas ; eh bien ! vous allez voir
Deux gendarmes, suivis d'un gros homme tout noir.

SENANGE (effrayé).

Que dis-tu?.. je frémis..

FLORVILLE (avec un grand sang-froid).

Quoi ! vous perdez courage!...

SENANGE (avec amertume).

Vous triomphez, Monsieur, car c'est là votre ouvrage.

FLORVILLE (avec calme).

Vous allez en juger.

SENANGE (agité).

Ah ! comme il faut souffrir...
Entrent-ils ?... Cher Dubois, que vais-je devenir?..

DUBOIS.

Les voilà...

SENANGE (se laissant tomber dans un fauteuil).

C'en est fait, et le malheur m'accable...

DUBOIS.

Ils ne me feront rien, je suis un pauvre diable.

SCÈNE IX.

LES PRÉCÉDENS, UN COMMISSAIRE, DEUX GENDARMES.

LE COMMISSAIRE.

Le comte de Florville est-il ici?...

FLORVILLE.

C'est moi.

LE COMMISSAIRE.

Vous êtes arrêté, Monsieur, de par le Roi.
Lisez l'ordre....

FLORVILLE (après avoir lu).

Il suffit, et je vous remercie.
On veut, sans plus tarder, que je me justifie ;
(À Senange.)
Me voilà prêt... Eh bien ! ne soyez plus jaloux :
Vous le voyez, Monsieur, le triomphe est pour vous.
Bientôt j'aurai mon tour... et ce soir, je l'espère,
Vous saurez que jamais le crime ne prospère.
Je suis à vous, Messieurs.

(Il sort avec son escorte ; Dubois le regarde avec surprise. Senange ne
lève pas les yeux et reste abîmé dans son fauteuil. Enfin, Dubois
rompt le silence.)

DUBOIS.

Je le disais toujours,
Ce jeune homme à coup sûr finira mal ses jours ;
Il est sombre, bourru.... voilà que je devine!...
Sans doute il faut juger les gens d'après leur mine....

(*Regardant sa montre.*)

Quatre heures. Voulez-vous dîner?...

SENANGE (*sortant de sa rêverie*).

Veux-tu partir!...

(*Se levant brusquement.*)

Je ne sais trop comment tout cela va finir....

(*Il sort , et Dubois le suit.*)

FIN DU TROISIÈME ACTE.

ACTE QUATRIÈME.

SCENE PREMIÈRE.

M. DE SENANGE, MADAME DE SENANGE, CHARLES.

MADAME DE SENANGE.

Je vous trouve aujourd'hui d'une humeur détestable.
Sans avoir dit un mot vous vous levez de table ;
Et quand je veux parler de notre chère enfant,
Vous ne répondez rien, et sortez en grondant.

SENANGE.

Madame, au nom du ciel laissez-moi, je vous prie.

MADAME DE SENANGE.

C'est très-poli, Monsieur.... Dieu ! quelle brusquerie !
Eh quoi ! parce qu'un traître est conduit en prison
Faut-il prendre le deuil dans toute la maison ;
Et par le désespoir laisser flétrir votre âme,
Comme si l'on venait vous ravir votre femme ?
Sachez braver l'envie et ses malins propos :
Votre honneur dépend-il des fripons et des sots ?
L'homme riche est puissant ; l'éclat de l'opulence
D'un public insolent étonne l'arrogance,
Commande le respect au méchant interdit,
Et vous verrez l'envie en crever de dépit.
Ainsi laissons cela... parlons de notre fête.
J'ai pour cet heureux jour mille projets en tête.

D'abord il faut choisir les élégans atours
Qui doivent à l'autel attirer les amours.
Je hais ce voile blanc , solennelle parure
Qui dérobe la taille en couvrant la figure ,
Et donne un air souffrant , présage du malheur.
Le bon goût doit prêter son charme à la pudeur.
Je veux qu'Éléonore, à l'autel amenée,
Par la main du plaisir paraisse couronnée,
Et se montre aux regards d'un époux enchanté,
Brillante d'ornemens , de grâce et de beauté.

CHARLES.

Mon Dieu ! je ne vous vis jamais si généreuse !
Quel zèle! quels transports! ma sœur est bien heureuse...
Tandis qu'elle est l'objet de vos plus tendres soins ,
A peine daignez-vous songer à mes besoins...
Je ne suis pas jaloux : mais pourquoi, je vous prie,
L'instruire des secrets de la coquetterie,
Et lui fournir enfin et festons et bijoux ,
Pour charmer tout le monde , excepté son époux ?
Une femme de bien se plaît dans son ménage,
Et laisse des atours l'indécent étalage
Aux folles du bel air, dont l'esprit éventé
Ne connaît d'autre soin que d'orner la beauté ,
Et qui , par leur faiblesse ou leurs étourderies ,
Payent cher le plaisir de paraître jolies.
Si ma sœur, qui toujours respecta son devoir,
De ses chastes attraits dédaigne le pouvoir,
Et vit dans sa maison , en ne songeant à plaire
Qu'au seul être chéri qui peut la rendre mère ,
A quoi lui serviront des bijoux d'un grand prix ?
Songez plutôt à moi.... car enfin votre fils

Doit jouer dans le monde un brillant personnage.....
Et pourtant je n'ai pas encore un équipage.

SENANGE.

Que vous me fatiguez! N'entendrai-je toujours
Qu'impertinens propos, que frivoles discours?
Tout semble concourir à m'échauffer la bile :
Je viens d'être bravé par l'infâme Florville ;
Et je trouve chez moi, pour comble de malheur,
Des gens qui sans pitié contemplent ma douleur....
Vous parlez de plaisirs!.. Morbleu! comme j'enrage!..
Un visage content m'importune et m'outrage,
Et je ne voudrais voir, dans l'état où je suis,
Que des infortunés partageant mes ennuis.
Mais s'il faut en secret dévorer ma souffrance,
D'un public dissipé souffrir l'indifférence,
Et rencontrer partout l'image du plaisir
Quand mon cœur agité ne peut plus en jouir ;
Je ne souffrirai pas qu'une fête indécente
Jusque dans ma maison m'irrite ou me tourmente,
Et sans aucun égard insulte à mon malheur.
Je veux que tout ici ressente ma douleur,
Et, si par sentiment vous ne pouvez me plaindre,
Qu'un reste de pudeur au moins vous force à feindre.

CHARLES.

Vous nous traitez bien mal, mon père, en vérité.....
Ah! daignez ménager ma sensibilité,
Et croyez que mon cœur partage votre peine.
J'ai conçu pour Florville une terrible haine,
Et dans des vers remplis d'une noble chaleur,
Je vais punir le traitre et venger votre honneur.

SENANGE.

De grâce laissez là ce poétique zèle.
Croyez-vous qu'il s'agit de charmer une belle ,
Et doit-on désarmer l'envie ou le pouvoir
En défendant sa cause en style de boudoir ?
Je ne puis plus long-temps souffrir votre folie.
De mots et de fadeurs votre tête est remplie ,
Et si par complaisance on admire vos vers ,
L'homme éclairé , Monsieur, rit de votre travers.
Il est temps de changer. Vous devez, à votre âge ,
Prendre un grave maintien , penser en homme sage ,
Et laisser les dégoûts d'un infâme métier
Au malheureux fainéant logé dans un grenier,
Qui , traînant ici bas son inutile vie,
Dédaigne , pour rimer, une honnête industrie.
Avec votre fortune il vous faut du crédit :
Par l'espoir des grandeurs animez votre esprit,
Et, de l'homme d'état méditant la science,
Pour de grands intérêts formez votre éloquence.

MADAME DE SENANGE.

Mais , Monsieur, vous croyez....

SENANGE.

                 Que j'ai tort ; c'est bien clair...
Faites de votre fils un garçon du bel air,
Bien fat, bien ridicule !.. Oh ! vous voilà, Mesdames !..
Vous aimez à nous voir languir comme les femmes ;
Et vous faites grand cas d'un jeune freluquet,
Étourdi , vain , léger, qui n'a que du caquet ,
Mais qui soigne son teint , se parfume la tête ,
Parle avec vous de bal , de mode et de toilette ,
Dans des vers doucereux vante votre beauté ,
Vous entretient d'amour avec fatuité ,

Et, s'enivrant partout de l'encens qu'on lui donne,
Ne vit que pour montrer sa petite personne.
Formez donc votre fils d'après ce beau portrait....
Vous aurez là, Madame, un cavalier parfait.

MADAME DE SENANGE.

Après de tels propos je n'ai plus rien à dire.
Vous êtes aujourd'hui prêt à tout contredire,
Et, dans l'étrange accès de votre sombre humeur,
De l'univers entier vous êtes le censeur.
Eh bien ! parlez, grondez ; pour ne pas vous déplaire,
Nous devons, je le vois , tout souffrir et nous taire.
　(Avec joie.)
Ah ! Marignan....

SCÈNE II.

LES PRÉCÉDENS , MARIGNAN.

MADAME DE SENANGE (à Marignan).

Venez, oh ! vous serez pour nous !....

SENANGE.

Ah ! mon ami ! du sort puis-je éviter les coups !...
Florville est arrêté.

MADAME DE SENANGE.

Voyez donc quel dommage !
C'est un traître de moins.

SENANGE.

Allons ! ferme ! courage !
Vous parlerez toujours.

MARIGNAN (interdit).

Florville est arrêté!...

SENANGE.

Oui. Puis-je après cela me croire en sûreté,
Quand on voit en tous lieux triompher l'impudence?
Le traître a devant moi parlé de sa vengeance;
Son regard insolent osait me défier;
Il m'accusait enfin pour se justifier,
Et sa bouche exhalant l'insulte et la menace,
Me faisait un devoir de lui demander grâce.
Je connais son dessein, et juge à ses discours
Qu'il veut par l'infamie empoisonner mes jours,
Nier avec fierté l'audace de son crime,
Au pouvoir outragé vendre une autre victime,
Ou, pour m'intéresser à lui servir d'appui,
Compromettre mon nom, et me perdre avec lui.
Peut-être en ce moment sa langue criminelle
Trace de ma conduite une image infidèle,
Vante sa bonne foi, ses mœurs, sa probité,
Du pouvoir qu'il abuse invoque l'équité,
Et, par la flatterie autorisant l'audace,
Triomphe du danger pour me mettre en sa place.....
Et je ne suis pas là pour prévenir ses coups,
Pour laisser éclater un vertueux courroux,
Et, par la vérité repoussant son injure,
Confondre en même temps le crime et l'imposture!

MARIGNAN (satisfait).

(A part.)

Il vous accuse!... Bon, en employant Dubois,
J'ai trompé la police, et Florville à la fois.

SENANGE.

Que dites-vous ?

MARIGNAN.

Moi ! rien. Je songe à votre affaire.

SENANGE.

Dans ce pressant danger pouvez-vous bien vous taire?...

MADAME DE SENANGE.

Que voulez-vous qu'il dise? il rit de vos frayeurs.

SENANGE (avec vivacité).

Madame, mêlez-vous de soigner vos vapeurs ,
Et laissez-nous en paix.

MADAME DE SENANGE.

Marignan , je parie ,
Songe à l'heureux hymen qui doit charmer sa vie,
Et laisse là Florville avec sa trahison.
    (A Marignan.)
N'est-ce pas, mon ami?

MARIGNAN.

Oui, vous avez raison.

SENANGE (avec force).

Comment !...

MARIGNAN (bas , à Senange).

Non, elle a tort.

SENANGE.

Tout m'irrite et me blesse.

MARIGNAN (bas , à Senange).

Je suis de son avis, Monsieur, par politesse :
Mais croyez que toujours je pense comme vous.

SENANGE.

Eh ! vos ménagemens excitent mon courroux !
Madame à tout moment se plaint et se récrie ;
Du matin jusqu'au soir Madame contrarie ;
Et si vous avez l'air de blâmer mon effroi,
Vous lui donnez encor des armes contre moi...
Mais vous pouvez aussi tromper ma confiance,
Avec mes ennemis être d'intelligence,
Et, redoutant comme eux mes trop justes soupçons,
M'apporter froidement leurs perfides raisons.
Votre air calme, Monsieur, n'est-il qu'un artifice ?
Voulez-vous m'endormir au bord du précipice,
Et profiter enfin de ma sécurité
Pour me porter vos coups en toute sûreté ?....
Je songe maintenant à votre indifférence ;
Non, vous ne savez pas partager ma souffrance ;
Et mon trouble, je crois, vous sert d'amusement....
Avec quel soin barbare et quel empressement
Vous avez su, morbleu ! fier de votre beau zèle,
M'annoncer du complot l'odieuse nouvelle !....
Sans doute il vous tardait d'observer ma douleur :
Car lorsque chaque mot, redoublant ma frayeur,
Enfonçait dans mon sein le trait qui le déchire...
Oui... je m'en souviens bien... je vous ai vu sourire.
Dois-je me défier de votre cœur jaloux ?
Pour nuire à mon crédit, parlez, me trompez-vous ?
Dans l'état où je suis je crains et je soupçonne
Amis, parens, enfin je n'épargne personne ;
Et, dût-on m'accuser d'un ridicule effroi,
Je crois que tout l'enfer conspire contre moi.

MARIGNAN (avec un air fourbe).

Quoi ! vous me soupçonnez !... Ce coup me désespère.

SENANGE.

Voulez-vous me prouver que vous êtes sincère?
Eclairez ma raison , et pour sauver mes jours ,
De vos sages conseils prêtez-moi le secours.
Quel parti prendre?... Allons...Vous gardez le silence?

MARIGNAN.

Eh! qui peut mieux que vous agir avec prudence?
Vous, dont l'esprit doué de tant de profondeur
A su jusqu'à présent triompher de l'erreur.
Combien de fois, Monsieur, votre plume énergique
A fait dans les journaux crier la politique,
Méditer le public sur de grands intérêts ,
Et trouvé pour l'état de merveilleux secrets!
Ne trouverez-vous rien dans votre propre cause?

SENANGE.

L'état n'est que l'état, et moi c'est autre chose.
On peut dans un journal, d'un ton de dignité ,
Présenter le mensonge avec la vérité ,
Et devant un bon feu, sans une peine extrême,
Pour le bien général inventer un système.
Quel mal cela fait-il?... Ces stériles avis
Lus par quelque amateur, sont-ils jamais suivis?
Causent-ils dans l'état une seule réforme ?
Croyez-moi, tout cela s'imprime pour la forme,
Et l'on peut gravement, dans vingt journaux divers,
Sur les lois et les mœurs raisonner de travers.
Ainsi, que mon esprit se trompe en politique,
Peu m'importe... ; il s'agit de la chose publique..
Mais quand mon intérêt se trouve compromis,
Quand je crois voir partout de lâches ennemis

M'outrager par l'excès d'une insolente joie ;
Ou , comme des vautours s'attachant à leur proie,
Déchirer mon honneur, et flétrir sous leurs coups
Le crédit d'un rival dont ils étaient jaloux ;
Je sens que ma raison ne peut plus me suffire...
Hélas ! pour empêcher les méchans de médire ,
Avec un grand courage , on ne saurait assez
De ses soins vigilans méditer le succès !
Eh ! puis-je réfléchir quand mon âme oppressée
Dans un trouble mortel égare ma pensée ,
Et loin de me servir et de m'encourager,
Semble avec mes tourmens accroître le danger !...
Vous souriez, Madame?... En effet, c'est très-drôle....
Croyez-vous que d'un sot je joue ici le rôle?
Parbleu ! vous vous trompez !... je ne suis pas d'humeur
A souffrir sans courroux ce petit air moqueur,
Et vous feriez bien mieux, prévenant ma disgrâce,
De calmer par vos pleurs le ciel qui nous menace.

(Il se jette dans un fauteuil.)

MADAME DE SENANGE.

Eh quoi ! le ciel aussi cause votre malheur !
Et vous voila dévot !... Oui , mais dévot de peur.
Pour moi qui crois, Monsieur, que le ciel, moins sevère,
A ces misères-là ne s'intéresse guère ,
Je vous laisse le soin de calmer son courroux.
Charle , accompagnez-moi... Marignan , venez-vous ?

MARIGNAN.

Je vous suis dans l'instant...

(Madame de Senange et son fils sortent.)

SCÈNE III.

SENANGE , MARIGNAN.

MARIGNAN.

Madame est bien légère !..

SENANGE.

Laissez-moi...

MARIGNAN.

Non, je veux fléchir votre colère.

SENANGE.

Je n'ai plus de parens ni d'amis.

MARIGNAN.

Quel discours !...
Croyez que Marignan vous chérira toujours.

SENANGE.

L'amitié me déplaît quand elle est inutile.
Gardez, gardez, Monsieur, ce sentiment stérile....
    (Regardant du côté de la porte.)
Mais que nous veut Dubois ? Le trouble et la frayeur
Se peignent sur ses traits... Est-ce un nouveau malheur?
Ah ! je m'attends à tout !...

SCÈNE IV.

LES PRÉCÉDENS , DUBOIS.

DUBOIS (criant).

Le diable les emporte !
Mais pourquoi sommes-nous tourmentés de la sorte ?

Quel mal avons-nous fait ?... Veulent-ils en ce jour
Nous enlever d'ici chacun à notre tour ?
Oh ! ce serait trop fort !...

SENANGE (troublé).

Qu'est-ce ? que veux-tu dire ?

DUBOIS.

Leur présence à coup sûr ne vous fera pas rire ,
Car pour moi j'ai bien peur... Ce sont les mêmes gens
Qui faisant déloger Florville de céans ,
L'ont conduit en lieu sûr.

SENANGE (confondu).

Ciel !...

DUBOIS.

Lisez cette lettre
Que l'homme en habit noir m'a dit de vous remettre ;
Ils attendent là bas.

SENANGE (égaré).

Où fuir ? où me cacher ?...
A ce danger pressant qui viendra m'arracher ?
Je tremble !... je frémis !... lisons avec courage...
Mais le mépris... la honte... Ah ! j'étouffe de rage !...
Comme mes ennemis vont rire à mes dépens !...
Le bonheur n'est-il fait que pour certaines gens ?
  (A Dubois.)
Rien ne me réussit... Je déteste la vie...
Et je sens , oui , maraud , que je te porte envie.
Aucun soin importun n'occupe ton esprit...
On peut donc exister sans honneur, sans crédit...
Un valet est heureux !... Et moi , quelle injustice !
Des hommes et du sort éprouvant la malice ,

J'entrevois sous mes pas l'abîme du malheur..
Je n'y puis résister.

DUBOIS.

Monsieur, j'ai de l'honneur.

SENANGE.

Oh oui ! la belle chose!... Ah ! quel cruel martyre!..
Voilà donc mon arrêt!... Lisons... je ne puis lire...
Tenez.

(Il donne le billet à Marignan).

MARIGNAN lit.

« Il vous est ordonné d'envoyer sur-le-champ à la
» police votre vieux valet de chambre Dubois. Les gens
» qui vous remettront ce billet doivent lui servir
» d'escorte. »

Je suis perdu!...

DUBOIS.

C'est avoir du malheur...

SENANGE (transporté et saisissant Dubois au collet).

Tu me trahis aussi!... Oh ! ta feinte douleur
Ne m'en impose pas ; je vois ton artifice.
Aurais-tu dénoncé ton maître à la police?
Parle, que te veut-on?

DUBOIS.

Vous me glacez d'effroi...

Au rapport de ces gens craignez d'ajouter foi ;
Car je suis innocent, Monsieur, je vous assure.

SENANGE (tenant toujours Dubois).

Qui parle de cela, maraud?...

DUBOIS.

Mon âme est pure.

SENANGE.

Enfin te tairas-tu?

DUBOIS.

Soyez mon protecteur.
Vous avez du crédit...

SENANGE.

Il me perce le cœur.

Va-t-en.

(Il le repousse.)

MARIGNAN (troublé).

Que dira-t-il ? ô ciel !...

SENANGE.

Dubois , écoute.

DUBOIS.

Quel triste sort !...

SENANGE.

On veut t'interroger, sans doute ;
Et que répondras-tu?

DUBOIS.

Certes ce qu'on voudra.

SENANGE.

Je ne le vois que trop, ce coquin me perdra.
Tu diras que Florville est un méchant, un traître,
Qui doit être puni... , qui veut me compromettre,
Que je suis honnête homme... Entends-tu?

DUBOIS.

Quel tourment!

Et que serai-je moi?

SENANGE.

Mais voyez ! l'insolent

Ose penser à lui! je chéris ma patrie,
Et suis prêt, s'il le faut, à lui donner ma vie.
Oui, tu le jureras... cela n'oblige à rien,
Et peut dans ce moment me faire un très-grand bien.

DUBOIS.

Que vais-je devenir!

SENANGE.

                    Prends bien garde à me nuire...
Tu me réponds de tout... j'ai pris soin de t'instruire...
Si je suis compromis redoute mon courroux.

MARIGNAN (troublé).

Ne parle pas de moi...

SENANGE.

                    Il s'agit bien de vous!

MARIGNAN.

(A Dubois.)
Oui, certes... Mon ami, promets-moi, je te prie...

SENANGE.

De grâce finissez. Est-ce une raillerie?

MARIGNAN (agité).

Laissez-moi lui parler.

SENANGE.

                    Non, un plus long retard
Pourrait être suspect.

(Il pousse Dubois du côté de la porte.)

MARIGNAN.

                    Ah! c'en est fait! il part!

DUBOIS (s'approchant).

Mais dites-moi, Monsieur, je ne saurais comprendre...

SENANGE.

Ah ! ne réplique pas, et sors sans plus attendre...

(Dubois sort.)

SCÈNE V.

SENANGE, MARIGNAN.

SENANGE.

Eh bien ! vous le voyez... n'avais-je pas raison ?
Me voilà compromis dans cette trahison :
Je ne puis du pouvoir éviter la poursuite ;
Il s'attache à mes pas, redoute ma conduite,
Fait arrêter mes gens pour les interroger,
Et sans aucun égard s'apprête à me juger.
Cependant par mon zèle et mon obéissance
J'étais digne, je crois, de quelque confiance ;
Et je ne pensais pas qu'une injuste rigueur
Pût détruire en un jour quarante ans de faveur.
Qu'exige le pouvoir ?... n'est-il pas mon idole ?
Et sans m'embarrasser d'une vertu frivole,
Ne suis-je pas venu, fléchissant les genoux,
L'enivrer tous les jours de l'encens le plus doux ?
Pourquoi donc aujourd'hui tourmente-t-il ma vie ?
S'il faut pour le calmer que je lui sacrifie
Ma famille et mes biens, avec ma liberté,
Il peut tout obtenir de ma fidélité.
Mais que pour adoucir ce brillant esclavage,
Il m'assure au sénat un port contre l'orage,
Et laisse les méchans, vaincus, humiliés,
En cachant leur dépit, se traîner à mes pieds...

Qu'ai-je dit, malheureux !... Ah ! la douleur m'égare !
Oui... ne me croyez pas... quel silence bizarre !...
Pourquoi cet air rêveur ?... Vous ne répondez rien.

MARIGNAN.

Excusez-moi , Monsieur ; je songeais au moyen
De sauver votre honneur...

SENANGE.

O ciel ! que faut-il faire ?
Me voilà prêt à tout.

MARIGNAN.

Je crains de vous déplaire.
Le remède est extrême ainsi que le danger ;
Et votre probité...

SENANGE.

Dois-je rien ménager ?...
Parlez toujours.

MARIGNAN (avec un air fourbe).

L'argent est un puissant mobile...
Dans notre siècle, hélas! en vices si fertile ,
Ce dangereux métal remplace les vertus,
Et, ne trouvant partout que des cœurs corrompus ,
A la ville , à la cour exerce son empire.
Profitez sans rougir de ce honteux délire ,
Répandez un peu d'or, et forcez aujourd'hui
L'inflexible police à fléchir devant lui.
Le complot de Florville est encore un mystère ;
On n'a pas eu le temps d'approfondir l'affaire ,
Et, ce premier travail occupant des commis ,
Tout le sort du procès en leurs mains est remis.
Ils peuvent donc sans peine anéantir le crime,
A l'opprobre, au malheur ravir une victime,

Et, par un faux rapport voilant la vérité,
Paraître en l'abusant servir l'autorité.
On peut avec ces gens tenter une bassesse ;
De leur pouvoir obscur caressez la rudesse,
Etalez à leurs yeux le métal corrupteur,
Et marchandez leur zèle avec leur déshonneur.
Ainsi vous les forcez à garder le silence ;
Et, du traître Florville achetant l'innocence,
Vous n'avez plus à craindre un méchant effronté,
Qui, recouvrant l'honneur avec la liberté,
Par de méchans rapports ne pourra plus vous nuire.
Vous m'entendez, je crois... cela doit vous suffire...
Qu'en dites-vous, Monsieur ?

SENANGE.

Je ne sais que penser.

MARIGNAN.

Un scrupule, un remords vous font-ils balancer ?

SENANGE.

Oh ! rien de tout cela !... mais concevez ma crainte :
De douleur et d'effroi quand mon âme est atteinte,
Lorsque je ne puis plus résister à mes maux,
Irai-je m'exposer à des périls nouveaux,
Outrager le pouvoir, et par une imprudence,
Au lieu de le fléchir, irriter sa vengeance ?
Quel crime ai-je commis pour livrer mon honneur
A la merci de gens sans vertu, sans pudeur ?
Je crains de confirmer le soupçon qui m'accable ;
Et ne croira-t-on pas que me sentant coupable
Je veux, pour me sauver, qu'en un profond oubli
Le secret du complot demeure enseveli ?...

Laissons au criminel la ruse et le mystère :
Qu'il cherche dans l'intrigue un secours mercenaire
Lorsque la vérité s'élève contre lui ;
La vérité, Monsieur, doit être mon appui,
Et sans plus hésiter je dois la faire entendre...
Si pourtant le pouvoir refusait de se rendre,
Si malgré mon récit, rejetant mes raisons,
Il conservait encor ses injustes soupçons,
Alors, avec l'accent de la vertu blessée,
J'oserai rappeler ma conduite passée,
Vanter mon zèle ardent, et lui faire bien voir
Qu'il ne peut m'accuser d'un forfait aussi noir,
Sans rebuter enfin par son ingratitude
Tous ceux qui de son joug se font une habitude.
Cette crainte, je crois, saura le retenir,
Et nous verrons alors son courroux s'adoucir :
Ce moyen est plus sûr...

MARIGNAN.

     Quel superbe langage !
Je vous ai vu tantôt plus craintif... et plus sage ;
Car votre esprit alors prévoyait le danger.
Comment en un quart d'heure avez-vous pu changer ?
Vous êtes, je le vois, fier de votre innocence ;
C'est très-bien : mais tremblez si par une imprudence,
Vous laissez une fois effleurer votre honneur.
En vain vous prouverez votre innocente erreur
En faisant le récit d'une trame aussi noire :
Le pouvoir sera-t-il obligé de vous croire ?...
Ah ! ne vous flattez pas de le désabuser,
Quand tous les faits, Monsieur, semblent vous accuser !
Oui, vous serez perdu... Pourquoi cette faiblesse ?...
De l'or, vite de l'or, Monsieur, car le temps presse.

SENANGE.

Mais si l'on découvrait!.. ah, grand Dieu!.. quel malheur!

MARIGNAN.

Eh ! Monsieur, bannissez une vaine frayeur !
Croyez-vous que les gens séduits par vos largesses,
Ignorant le secret de cacher leurs bassesses,
Et dévouant leurs fronts à la honte, au mépris,
D'un zèle criminel n'accepteront le prix
Que pour venir ensuite avec effronterie
Aux regards du public offrir leur infamie?...
Sont-ils indépendans pour oser tout braver?
N'ont-ils pas des emplois qu'il veulent conserver?
Et si, pour satisfaire une infâme avarice,
D'un sévère devoir ils font le sacrifice,
Et vendent à prix d'or un crédit frauduleux ;
Ils savent éviter des regards dangereux,
Et, sous un air soumis dérobant leur audace,
Servir leurs intérêts, sans craindre une disgrâce.
Après cela, Monsieur, pouvez-vous hésiter?...
Eh bien ! pour vous servir rien ne doit me coûter.
Je cours chez les commis... je saurai les séduire...
Donnez-moi de l'argent... qu'avez-vous à me dire?
Vous n'objecterez plus un légitime effroi :
Quand j'agis en mon nom, tout retombe sur moi...
Trop heureux à ce prix de vous prouver mon zèle !...

SENANGE.

Un trait aussi touchant est d'un ami fidèle.
Vous exposer pour moi!.... c'est très-bien, j'y consens.
Combien vous faudrait-il, voyons?

MARIGNAN.

           Cent mille francs.

SENANGE.

Cent mille francs, Monsieur !...

MARIGNAN.

Eh bien ! que vous importe ?

SENANGE.

Comment ! vous plaisantez !.. la somme est un peu forte...
Et suis-je sûr encor d'éviter le danger ?...
O ciel !...

MARIGNAN.

A la bonne heure , il n'y faut plus songer.

SENANGE.

Vous vous fàchez , je crois?

MARIGNAN.

Et pourquoi, je vous prie?
Mais je ne conçois pas votre bizarrerie.
Le péril est pressant, il vous est bien connu,
Et vous plaignez le tiers de votre revenu
Pour éloigner de vous l'orage qui s'apprête.
Allez donc au pouvoir présenter votre tête ;
Allez perdre l'honneur, le crédit, le repos,
D'un public médisant aiguiser les propos,
Endurer chaque jour quelque nouvel outrage,
Et voir tous vos amis fuir à votre passage ;
Allez. Puisqu'aujourd'hui mes soins sont superflus,
Suivez votre projet, je ne vous retiens plus,
Et je vais, dans l'excès d'une douleur sincère,
  (Avec affectation.)
Pleurer de mon ami la honte et la misère....
Adieu.

9

SÉNANGE.

Vous m'effrayez ; je cède à vos avis.
Restez, mon cher, restez ; ils vont être suivis.
Vous allez recevoir la somme nécessaire
Pour couvrir du secret cette odieuse affaire.
Je reviens dans l'instant.

(Il sort.)

SCÈNE VI.

MARIGNAN , seul.

Ah ! je le tiens, ma foi !...
Et veux à ses dépens n'intriguer que pour moi...
J'entrevois les dangers qui menacent ma tête.
Mais celui qui jamais n'affronta la tempête,
Reste dans le néant d'où je voudrais sortir.
Conservons du sang-froid pour ne pas nous trahir ;
Et puisqu'en ce moment le destin m'est contraire,
Tout est examiné, l'audace est nécessaire...
Je puis ramper, corrompre, intriguer sans pudeur,
Et me déshonorer pour sauver mon honneur.
Mais j'aperçois Dubois.

SCÈNE VII.

MARIGNAN , DUBOIS.

MARIGNAN.

Eh bien ! bonne nouvelle ?...

DUBOIS.

Ah ! je l'ai grâce au ciel, Monsieur, échappé belle !...
Car je craignais toujours de dormir en prison.
Mais enfin je revois notre chère maison ,
Et me voilà joyeux !... Ici plus de contrainte ;
Je respire à mon aise, et puis parler sans crainte.
Quel plaisir !.. quel bonheur !.. ah , Monsieur !..

MARIGNAN.

　　　　　　　　　　　　　　Je le crois ;
Mais calme ces transports. Écoute, cher Dubois ;
Que t'a-t-on demandé ?

DUBOIS.

　　　　Je ne m'en souviens guère.

MARIGNAN.

Tu plaisantes.

DUBOIS.

　　　　Non, non, d'honneur ! je suis sincère.
Quand on m'interrogeait j'étais tremblant d'effroi.

MARIGNAN (avec inquiétude).

Mais encore... voyons, t'a-t-on parlé de moi ?

DUBOIS.

Oh non ! mais on m'a dit : Regarde cette lettre,
Et prends garde à mentir... Est-elle de ton maître ?
Parle, qui t'a chargé de la porter ici ?
J'ai dit que c'était vous d'un ton fort radouci.

MARIGNAN (avec effroi).

Malheureux ! qu'as-tu fait ?...

DUBOIS.

                Et que pouvais-je dire ?
Ces messieurs sont pressans.... ils n'aiment pas à rire,
Et leurs regards semblaient avec avidité
Jusqu'au fond de mon cœur chercher la vérité.

MARIGNAN (après avoir rêvé).

Eh bien ! surtout cela garde un profond silence.
Je t'estime, Dubois, je connais ta prudence,
Et ton cœur, j'en suis sûr, me promet le secret.
Je l'exige, crois-moi, pour ton propre intérêt,
Enfin pour le repos et l'honneur de ton maître ;
Ne lui parle de rien... Mais je le vois paraître...
Allons, retire-toi...

                      (Dubois sort.)

SCÈNE VIII.

SENANGE, MARIGNAN.

SENANGE (en donnant un portefeuille à Marignan).

              Tenez, soyez heureux,
Et n'allez pas pour rien faire le généreux.
Vous m'entendez.

MARIGNAN.

              Fort bien. Je pars, car le temps presse...
Adieu.

SENANGE.

      N'oubliez pas au moins votre promesse ;

Car c'est en votre nom que vous devez agir.

MARIGNAN.

Oui , oui , sur ce point-là je veux vous bien servir.
Ne me retenez plus.

(Il sort.)

SENANGE.

      Il part; quelle souffrance!...
Ah! m'aurait-il flatté d'une vaine espérance!...
Je ne sais... Rien ne peut dissiper ma frayeur,
Et je crois voir partout la honte et le malheur.

FIN DU QUATRIÈME ACTE.

ACTE CINQUIÈME.

SCÈNE PREMIÈRE.

M. DE SENANGE, MADAME DE SENANGE, CHARLES.

SENANGE.

Madame, vous prenez une peine inutile.

MADAME DE SENANGE.

Y songez-vous, Monsieur ?

SENANGE.

           Nous quitterons la ville.
Je l'ai bien résolu.

MADAME DE SENANGE.

      Quel infâme projet !...

SENANGE.

Eh morbleu ! si je pars ce n'est pas sans sujet !...

MADAME DE SENANGE.

Eh bien ! soit ; végétez au fond d'une campagne :
Mais pensez-vous, Monsieur, que je vous accompagne,
Et que j'aille habiter, pour le plaisir d'autrui,
Un vieux château désert où je mourrais d'ennui ?
Et quels objets, grand Dieu ! pour récréer la vue,
Qu'un parc, un potager, une triste avenue,

Des bois plantés sans art, des champs inhabités,
Et le soleil dardant ses feux de tous côtés!...
Fi! peut-on sans horreur retracer cette image?
Je n'ai jamais aimé la nature sauvage :
Et lorsque dans Paris, variant mes plaisirs,
A peine ai-je le temps de former des désirs;
Quand les arts, pour charmer mes yeux et mes oreilles,
Enfantent tous les jours de nombreuses merveilles;
Quand des bals, des concerts ou des cercles brillans
Semblent se disputer mon esprit et mon temps,
Irai-je m'enterrer dans un lieu solitaire,
Vivre avec les hiboux, et, ne sachant que faire,
Du soleil chaque soir espérer le retour,
Puis attendre la nuit en bâillant tout le jour?
Je ne suis pas d'avis de faire pénitence :
Enfin je compte assez sur votre complaisance
Pour oser me flatter, Monsieur, qu'en ma faveur
Vous saurez de l'arrèt adoucir la rigueur.
Voulez-vous, dites-moi, tourmenter votre femme,
Mon bon, mon cher époux?

SENANGE.

      Oui, oui; du moins, Madame,
Je suis bien patient pour souffrir vos discours.
Voulez-vous, dites-moi, contrarier toujours?
Ah! redoutez plutôt le sort qui nous menace,
Et quand je veux au moins adoucir ma disgrâce,
Fuir au fond d'un désert les clameurs des méchans,
Vous arracher enfin à mille affronts sanglans,
Ne me fatiguez plus d'une plainte insensée;
Et, pour votre intérêt approuvant ma pensée,
Soumettez vous au sort, et tàchez de bannir
D'un bonheur qui n'est plus le fàcheux souvenir.

Bientôt autour de nous tout va changer de face ;
Et si demain, Madame, on apprend ma disgrâce,
Plus d'amis, plus d'égards. De quel œil verrez-vous
Des gens qui hier encore étaient à vos genoux,
Et flattaient votre orgueil par tant de complaisance,
Affecter maintenant une lâche arrogance,
Se regarder entre eux avec des ris moqueurs,
Et vous faire rougir enfin de nos malheurs?...
Ah ! croyez-moi, la fuite est l'espoir qui vous reste.
Hâtez-vous de quitter une ville funeste,
Où les cœurs inconstans, vers le vice entraînés,
Ne s'intéressent pas à des infortunés ;
Ou ne semblent sortir de cette indifférence
Que pour se faire un jeu d'accroître leur souffrance.
Fuyez... et trop heureux si je puis avec vous
D'un pouvoir inquiet éviter le courroux,
Et si ma liberté, plus chère que ma vie,
N'irrite pas la haine, et ne m'est pas ravie!...

CHARLES.

Ah! mon père, je crains que la seule frayeur
En troublant votre esprit cause votre malheur.
De grâce songez-y... Quelle est votre espérance ?
Qui pourra sans rougir prendre votre défense,
Si vous-même aujourd'hui n'osez vous affranchir
Du forfait odieux dont on veut vous noircir?
Comment interpréter ce funeste silence?
Voulez-vous du pouvoir nourrir la défiance,
Et marquer votre front d'un opprobre éternel,
En fuyant en secret comme un vil criminel?
Ah ! conservez plutôt ce généreux courage
Qui sied à la vertu que l'injustice outrage,

Et, regardant l'envie avec un froid dédain,
Offrez à tous les yeux un front noble et serein !
Aussitôt l'intérêt que l'innocence inspire
Sur vos accusateurs reprendra son empire ;
Vous verrez le pouvoir et le public soumis
Se liguer avec vous contre vos ennemis,
Réparer votre honneur, vanter votre innocence,
Et vous rendre bientôt toute leur confiance.
Restez donc à Paris.

SENANGE.

                    Non... vous allez partir...
De cette incertitude il faut enfin sortir...
Mais s'il n'est plus d'espoir ?.... ô douleur qui me tue !
Par combien de projets mon âme est combattue !...
Marignan ne vient pas... Il craint de m'annoncer
Ma disgrâce, ma honte... Ah ! je n'y puis penser !
Et Dubois, me cachant un terrible mystère,
Evite ma présence, et s'obstine à se taire.

(A sa femme et à son fils.)

Que je suis malheureux !.... Oui, regardez-moi bien...
Là... tout tranquillement !... Vous ne sentez donc rien !
Laissez-moi. Votre aspect redouble ma souffrance...
Car il semble, morbleu ! que votre indifférence
Croisse avec ma frayeur !... Dites la vérité ;
Vous affectez tous deux cette sécurité
Pour avoir le plaisir de tourmenter mon âme.
Et que me sert d'avoir des enfans, une femme,
Si je ne puis goûter avec eux la douceur
De charmer mes chagrins, d'épancher ma douleur,
De voir au moins quelqu'un qui paraisse me plaindre,
Si je dois seul enfin tout souffrir et tout craindre ?
O ciel ! que je vous hais !...

MADAME DE SENANGE.

      De grâce, finissez.
Nous vous servons, Monsieur, plus que vous ne pensez.
Quand, pour notre malheur, un rien vous contrarie,
C'est nous qui supportons votre bizarrerie;
Et vous pouvez au moins soulager votre cœur,
En déchargeant ici votre mauvaise humeur.
C'est beaucoup: mais je veux malgré votre caprice,
Courir chez le ministre, implorer sa justice,
Et vous rendre bientôt l'éclat de la faveur.
Notre sexe connaît le langage du cœur :
Un seul de nos regards désarme la colère;
Notre voix attendrit; on fait tout pour nous plaire;
Et vous savez enfin qu'il n'est rien aujourd'hui
Qu'on ne puisse obtenir quand on a notre appui.
Après cela, Monsieur, dédaignez votre femme...
Voulez-vous accepter mon secours?

SENANGE.

      Oui, Madame;
J'approuve un tel dessein; mais agissez sans bruit...
Si de votre démarche on est jamais instruit
Mille propos malins vont courir à ma honte...
J'en frémis, je l'avoue... Eh bien! je les affronte.
Quand on est comme moi pressé par le malheur,
Il vaut mieux conserver le crédit que l'honneur.
Hâtez-vous, et soignez surtout votre parure.

MADAME DE SENANGE.

Vous voilà raisonnable! aussi, je vous le jure,
Votre conseil me charme, et vous allez bien voir
Que de vous obéir je me fais un devoir.

(En lui présentant la main.)
Allons, donnez la main à votre protectrice.

SENANGE (appelant).

Dubois!...

DUBOIS (entrant).

Que voulez-vous, Monsieur?

SENANGE.

Qu'on m'avertisse
(A sa femme).
Quand Marignan viendra. Sortons, je suis à vous...
(Ils sortent , excepté Dubois.)

DUBOIS (seul, les regardant).

Peste! qu'il est galant, et que son air est doux!
Après s'être en dînant querellés d'importance
Les voilà donc enfin tous deux d'intelligence...
Ma foi! j'en suis ravi : car toujours nous souffrons
De la mauvaise humeur des gens que nous servons.
Ah! monsieur Marignan!...

SCÈNE II.

MARIGNAN , DUBOIS.

MARIGNAN. (Il entre tout troublé, sans voir Dubois.)

O fortune ennemie!...
Tu te fais donc un jeu de tourmenter ma vie...
Il n'est plus de ressource; hélas! je suis perdu...
(Apercevant Dubois.)
Quoi! vous voilà, Dubois!... M'avez-vous entendu?

DUBOIS.

Oui, Monsieur; pardonnez si je vous importune.
Pourquoi vous plaignez-vous ainsi de la fortune?
Êtes-vous menacé de quelque grand malheur?
Que vous êtes troublé!... Mon Dieu! quelle pâleur!...
On ne reconnaît plus vraiment votre figure...

MARIGNAN.

Ah! trève de discours! je n'ai rien, je t'assure.
Si ton maître est ici, va vite l'avertir
    (Avec humeur.)
Que je l'attends. Allons... voulez-vous bien sortir.

DUBOIS (regardant Marignan avec étonnement).

Pardonnez : j'obéis.
       (Il sort.)

MARIGNAN (seul).

    Je souffre le martyre!
Ah! les cruels commis!... je voulais les séduire...
Et, ne croyant trouver qu'une feinte rigueur,
Assoupir cette affaire et sauver mon honneur :
Mais non... tous mes projets n'étaient que des chimères.
Aurait-on pu penser que des cœurs mercenaires,
Des esclaves flétris sous le joug du pouvoir,
Craignent de s'avilir, respectent leur devoir,
Et, d'un sot point d'honneur affectant l'étalage,
Quand on les enrichit disent qu'on les outrage?...
Peste soit des nigauds avec leur probité!...
Sans doute sous un prince ami de l'équité
La vertu fait partout ressentir sa puissance,
Et le fripon apprend à parler par sentence;

Ou bien dans les bureaux on connaît le secret
De paraître un instant trahir son intérêt,
Pour tromper le pouvoir avec plus d'assurance ;
Et j'aurai pris mes gens dans leur jour d'abstinence!...
Que mon sort est affreux !... Pour comble de douleur
Je n'ai pu voir le duc ; je suis sans protecteur...
Quand on est malheureux c'est en vain qu'on implore.
Tout m'abandonne, ô ciel !... Si je pouvais encore...
Mais bon, voici Senange.

SCÈNE III.

SENANGE, MARIGNAN.

SENANGE.

Eh bien ! que dites-vous ?

MARIGNAN.

Ah, Monsieur, du pouvoir redoutez le courroux !
Ces gens ont de l'honneur... Il n'est plus d'espérance...

SENANGE.

J'espère encor pourtant.

MARIGNAN.

C'est trop de confiance.

SENANGE.

Mais si bientôt quelqu'un parlait en ma faveur ?

MARIGNAN.

De grâce, nommez-moi ce nouveau protecteur.

SENANGE.

Ma femme... Oui, Monsieur... Pourquoi cet air sinistre?

MARIGNAN.

Madame de Senange irait chez le ministre?
Oh! je ne le crois pas ; non...

SENANGE.

Elle va sortir.

MARIGNAN.

Et comment pouvez-vous, Monsieur, y consentir?
Le public est méchant, Madame est encor belle;
Voulez-vous attirer et sur vous et sur elle
Des soupçons odieux, un injuste mépris,
Et devenir enfin la fable de Paris?
Lorsque chez un ministre une femme charmante
Sait, en offrant aux yeux la beauté suppliante,
D'un entretien secret obtenir la faveur,
On suppose toujours qu'un mari sans pudeur,
Achetant le crédit par un commerce infâme,
Vend à l'homme puissant son honneur et sa femme,
Et jouit de sa honte avec impunité ;
Ou bien que par paresse et par simplicité,
Content de s'affranchir d'une gêne importune,
Il laisse à sa moitié le soin de sa fortune,
Et ne s'informe pas s'il est déshonoré
Quand d'un titre nouveau son nom est décoré.
Ah! si pour vous l'honneur est plus cher que la vie,
Craignez de ces époux la brillante infamie!...

SENANGE.

Je ne crains rien, Monsieur. Un public indiscret
Ne pourra, j'en suis sûr, deviner mon secret ;

Et je compte sur vous.

MARIGNAN.

Qu'importe mon silence!...
Vous parlez de secret! l'hôtel d'une excellence
N'est-il pas assiégé de gens qui chaque jour
Fatiguent Monseigneur pour lui faire la cour ;
Ou, d'un air satisfait méditant leur requête,
Attendent humblement l'honneur du tête à tête?
Ne faut-il pas enfin, pour pouvoir être admis,
Essuyer les regards des laquais, des commis?
Et dites-moi comment on échappe à la vue
Quand il faut traverser toute cette cohue?
Madame paraîtra... tous les solliciteurs,
Se regardant entre eux avec des ris moqueurs,
L'accableront des traits d'une satire amère :
Chacun sur sa vertu fera son commentaire ;
Et ces propos piquans, ces odieux portraits,
Iront dans l'antichambre amuser les valets...
Ah ! ce n'est rien encor... cette méchante histoire
Se répandra partout : le public pour y croire
Ne s'informera pas si c'est la vérité :
Mais grossissant les faits avec malignité,
Il vous déchirera sans pitié, sans scrupule,
Et pour se divertir vous rendra ridicule.

SENANGE (impatienté).

Allons, ferme, poussez...

MARIGNAN.

Je remplis un devoir.

SENANGE.

Non ; vous prenez plaisir à m'ôter tout espoir.

Mais puisque vous trouvez mon projet téméraire,
Dites-moi donc, Monsieur, ce que je devrais faire.
Allons, expliquez-vous...

MARIGNAN.

Vous le voulez ; eh bien,
Pour vous sauver, Monsieur, je ne vois qu'un moyen.
Florville ne peut-il, d'un ton plein d'arrogance,
D'une aveugle amitié dévoiler l'imprudence,
Et se servir enfin de vos propres bienfaits
Pour cacher au pouvoir ses coupables projets ?
N'avez-vous pas voulu lui donner votre fille ?
Vous l'avez arraché du sein de sa famille
Pour hâter son bonheur par des nœuds aussi doux.
Quand il le prouvera que lui répondrez-vous ?
Comment justifier une telle promesse ?
D'un cœur trop confiant réparez la faiblesse.
Votre fille, Monsieur, saura vous obéir :
Il faut un autre époux ; hâtez-vous de choisir ;
Et par-là d'un méchant confondant l'impudence,
A la rigueur des lois livrez-le sans défense.
Ainsi vous prouverez que des vœux imprudens
N'ont pas à ceux d'un traître uni vos sentimens.
Mais quel heureux mortel deviendra votre gendre ?
A ce nom si flatteur, Monsieur, j'ose prétendre ;
Et, s'il vous en souvient, vous me l'avez permis...
A vos ordres pourtant vous me verrez soumis....
Mais si quelques vertus ont honoré ma vie,
Si l'amitié, l'honneur, l'amour de la patrie,
Méritent votre estime et touchent votre cœur,
Vous voudrez, je l'espère, assurer mon bonheur.

Allons... permettez-moi de vous nommer mon père ;
Et, formant dès ce soir une union si chère,
Conduisez à l'autel vos bienheureux enfans...
Car peut-être demain il ne sera plus temps.

SENANGE (agité).

Votre conseil est bon... Que faut-il que je fasse ?...
O ciel ! voici Florville.

MARIGNAN.

Ah ! tout mon sang se glace !....
A ce dernier malheur me serais-je attendu !...

SCÈNE IV.

LES PRÉCÉDENS , FLORVILLE.

MARIGNAN (avec une joie affectée).

Ciel ! que vois-je !... Monsieur, vous nous êtes rendu !...
Ah ! que pour vos amis ce moment a de charmes !...
Vous leur avez causé les plus tendres alarmes...
Mais enfin l'innocence a vaincu le pouvoir,
Et nous ne songeons plus qu'au plaisir de vous voir.
Que nous sommes heureux ?... Souffrez qu'on vous embrasse.

FLORVILLE (à Marignan , avec un sourire amer).

Doit-on agir, Monsieur, par crainte ou par grimace ?
Modérez ces transports ; je n'en suis pas surpris,
Et je ne mis jamais mon cœur à si bas prix.
(A Senange.)
Mais vous, pour m'accueillir vous gardez le silence :
Êtes-vous, dites-moi, gêné par ma présence ?

Ou ne trouvez-vous rien, Monsieur, dans votre cœur?
Pas un doux sentiment? pas un seul mot flatteur?
Ah! pouvez-vous ainsi me revoir avec peine!...
Nous n'avez pas, sans doute, assouvi votre haine.
Et ce n'est pas assez que vos doigts imposteurs
Aient écrit contre moi quatre pages d'horreurs
Pour armer du pouvoir la justice sévère;
Il faut encor, Monsieur, souffrir votre colère,
Parce que, sans respect, j'ai pris la liberté
D'accuser vos récits d'un peu de fausseté,
Et préservé par là mon nom de l'infamie...
Voilà, n'est-il pas vrai, ce qui vous contrarie?
(En regardant Marignan.)
Oui, c'est un coup manqué! Dans ce monde, ma foi!
Vous le savez, Monsieur, chacun n'est que pour soi;
Et de mon égoïsme excusez la licence,
Quand vous avez besoin de la même indulgence.

SENANGE.

Quel étrange discours!...

FLORVILLE.

Vous faites le discret...
Allons donc... soyez franc... ce n'est plus un secret.

SENANGE.

Je souffre le martyre... Expliquez-vous de grâce...
Je ne vous comprends pas... et tout ceci me passe.

MARIGNAN (à part).

On ne m'accuse pas... Florville est dans l'erreur...
J'aurais donc réussi!... Juste ciel! quel bonheur!...
(Haut, à Florville.)
Dévoilez-nous, Monsieur, cet étonnant mystère.

FLORVILLE (à Marignan, avec une indignation concentrée).

J'observe le sang-froid d'un fourbe téméraire...
(A Senange.)
Eh quoi ! n'est-ce pas vous qui m'avez accusé
De tramer en secret un complot insensé ?
Dubois n'était-il pas votre innocent complice ?
Vous l'avez envoyé deux fois à la police...
Osez me démentir.

SENANGE (avec force).

Quel infâme soupçon !
Vous m'outragez , vous dis-je...

MARIGNAN.

Ah ! quelle trahison !...

FLORVILLE (à Marignan).

Vous êtes, je le vois, surpris de tant d'audace...
Mais c'est vous cependant qui m'enlevez ma place ;
Et vous ne croyez pas sans doute me servir ?...

MARIGNAN.

C'est pourtant le motif qui me faisait agir.
J'ai brigué votre place, et ne puis m'en défendre ,
Pour avoir le plaisir, Monsieur, de vous la rendre.

FLORVILLE.

Le trait est fort touchant.

MARIGNAN.

Ce n'est pas tout encor,
Je voulais vous sauver... j'espérais qu'avec l'or
On pourrait adoucir les gens de la police ,
Les forcer au silence, et par cet artifice

Prévenir la rigueur d'un ministre irrité.
(Montrant Senange).
Tenez , voici l'argent que Monsieur m'a prêté ;
Je le lui rends... heureux de n'en pas faire usage ,
Puisque votre innocence a dissipé l'orage ,
Et dans tout son éclat montré votre vertu !...

FLORVILLE (à Senange).

Eh bien ! vous paraissez interdit , abattu ;
Cet excès d'amitié , Monsieur, vous désespère.
Ah ! voilà, j'en conviens, l'ami le plus sincère !...

MARIGNAN.

Monsieur, que de bonté !...

SENANGE (surpris).

Vous plaisantez , je crois.

FLORVILLE.

Non, vous ne savez pas tout ce que je lui dois...
Je vous ai tourmenté , banissez toute crainte.
(Jetant sur Marignan un regard terrible.)
C'est lui qui , nous trompant par l'intrigue et la feinte,
M'accusait d'être un fourbe , un homme dangereux ,
Irritait le pouvoir par des écrits affreux ,
Et , sûr après cela de hâter ma disgrâce,
Faisait adroitement solliciter ma place.
Mais sans doute craignant qu'un trop juste soupçon
Ne dévoilât l'horreur de cette trahison ,
Il fit du bon Dubois l'instrument de ses crimes ;
Et dès-lors , écrivant ses lettres anonymes ,
Il pensa qu'on pourrait en deviner l'auteur
Puisque votre valet en serait le porteur.

SENANGE.

Qu'entends-je !... Est-il bien vrai !... Quelle témérité !
Le ministre sait tout... Qu'il doit être irrité !

FLORVILLE.

Pourquoi cela ?... Monsieur dénonce, calomnie ;
Il sait pour des honneurs se couvrir d'infamie,
Et le pouvoir devrait marchander son talent...
Mais on le congédie, et l'exemple est piquant.

MARIGNAN.

O ciel !

SENANGE (furieux).

Ah ! malheureux, sortez de ma présence !...
Celui que le pouvoir poursuit de sa vengeance
N'est pour moi qu'un méchant, perdu, déshonoré...
De traîtres, d'imposteurs suis-je donc entouré ?
Et n'aurai-je employé la moitié de ma vie
A flatter le pouvoir, à menager l'envie,
Que pour voir mon honneur sans cesse compromis
Par les lâches complots de perfides amis ?
  (A Marignan qui reste immobile et confondu.)
Ah ! sortez donc, vous dis-je, ou craignez ma colère...
                              (Marignan sort.)
Je ne vous connais plus... O quel affreux mystère !

FLORVILLE (avec un sang-froid ironique).

Oui, voilà j'en conviens le plus terrible jour !...
Vous chassez Marignan... Aurai-je aussi mon tour ?
Car je ne suis plus rien...

SENANGE (étonné).

Encor !... quelle souffrance !...

FLORVILLE (toujours du même ton).

Il est vrai que j'ai su prouver mon innocence :
Mais en me défendant, mon âme avec chaleur
A de ses sentimens dévoilé la noirceur.
« Je respecte, ai-je dit, un pouvoir légitime
» Tant qu'il est juste et bon ; dès l'instant qu'il opprime,
» Pardonnez à mon cœur cette juste fierté,
» Je ne le connais plus, j'aime la liberté. »
A ce mot le ministre a pâli de colère,
Et reprenant bientôt un air froid et sévère :
« Je vais combler, Monsieur, le plus cher de vos vœux ;
» Vous voulez être libre, et l'avis est heureux :
» Vous n'avez plus d'emploi, le roi vous remercie,
» Et rompt dès aujourd'hui la chaîne qui vous lie.
» Il ne veut pas forcer les gens à le servir. »
Il dit ; et je m'empresse aussitôt de sortir ;
Car de mon sort, Monsieur, je voulais vous instruire.
Serai-je votre gendre à présent ?...

SENANGE.

Quel martyre !

Monsieur...

FLORVILLE.

Vous balancez, moi je n'hésite plus,
Et pour vous démasquer j'attendais ce refus.
Allez, enivrez-vous d'une faveur funeste :
Je préfère mon sort, car la vertu me reste ;
Et je pourrai goûter ce tranquille bonheur
Qui vous fuira toujours au sein de la grandeur.
Adieu... Rappelez-vous ce que je viens de dire...
Vous me faites pitié.

(Il sort.)

SENANGE, seul.

                    Il part, et je respire.
Mais n'oublions jamais ce déplorable jour.
Au ministre demain j'irai faire ma cour,
Et, dissipant bientôt quelques légers nuages,
Je mettrai mon crédit à l'abri des orages.

FIN DU CINQUIÈME ET DERNIER ACTE.